Sandra Lefrançois

Giftfrei Gärtnern

Die besten Methoden & Tipps für einen naturnahen Garten ohne Chemie

Bassermann

Inhalt

WARUM OHNE PESTIZIDE UND KUNSTDÜNGER GÄRTNERN?

Mehr als 6000 Tonnen Pflanzenschutzmittel werden jährlich in Deutschland von privaten Gärtnern ausgebracht.[1] Im Jahr 2016 kamen dabei allein 46 Tonnen glyphosathaltige Produkte zum Einsatz (Gesamttendenz seither wieder steigend),[2] die aufgrund weniger strenger Regulierungen zum Teil sogar extra im Nachbarland Polen eingekauft werden[3]. Die Nutzung von zugelassenen Pflanzenschutzmitteln ist in Deutschland auf definierte Andwendungsgebiete beschränkt und in unmittelbarer Nähe zu oberirdischen Gewässern und Küstengewässern verboten.[4] Dennoch verbleiben die Substanzen nicht in den jeweiligen Gärten und Anpflanzungen, sondern wandern ins Regenwasser, in die Flüsse und in unser Grundwasser. So wurden in den Jahren 2013–2016 in 15 % der oberflächennahen Grundwassermessstellen in Deutschland Pflanzenschutzmittelwirkstoffe nachgewiesen, wovon knapp 4 % über dem gesetzlich zugelassenen Grenzwert von 0,1 Mikrogramm pro Liter lagen.[5]

Die Herkunft des Begriffs Pestizid (von „pestis“, „Schädling“, und „zid“, „tötend“) erinnert uns unmissverständlich daran, dass diese Produkte, die unsere Pflanzen vor Insekten, Krankheiten und konkurrierenden Gewächsen schützen sollen, keineswegs harmlos sind. Denn was für Insekten, Pflanzen und Pilze giftig ist, ist es auch für uns!

Ein interdisziplinäres Gutachten der französischen Forschungseinrichtung INSERM hat gezeigt, dass Pestizide bei Menschen, die auf intensiv bewirtschafteten Flächen und deren Anrainern arbeiten, ein bedeutender Risikofaktor für die Entwicklung von Krebserkrankungen wie Prostata- und Hodenkrebs, Leukämie oder Lymphomen sind, aber auch für andere degenerative Erkrankungen wie Parkinson und angeborene Missbildungen bei Neugeborenen.

Während daraufhin in Frankreich die „klassischen“ Pflanzenschutzmittel bereits aus öffentlichen Grünfächen und privaten Gärten verbannt wurden, plant die deutsche Bundesregierung immerhin ein Verbot der als besonders kritisch eingestuften glyphosathaltigen Unkrautvernichtungsmittel. Dieses soll für private Nutzer noch 2020, für die Landwirtschaft 2023 in Kraft treten. 2015 hatte die Internationale Agentur für Krebsforschung (IARC) Glyphosat, den Wirkstoff der weltweit am meisten verkauften Herbizide – darunter das berühmt-berüchtigte Roundup® –, als „wahrscheinlich krebserregend“ eingestuft. Trotz der Gefährlichkeit dieser Produkte ist eine Überdosierung geläufige Praxis, da Gärtnerinnen und Gärtner die Vorsichtsmaßnahmen bei der Anwendung nicht immer einhalten.

Fauna und Flora bleiben von den Einflüssen der Pestizide natürlich nicht verschont: Werden Insekten oder Wildpflanzen eliminiert, hat dies Folgen für die gesamte davon abhängende Nahrungskette, darunter Bestäuber, Vögel, Säugetiere und viele andere. Pestizide können auch andere unerwünschte Effekte haben: Bestimmte Milbenarten sind erst durch den massiven Einsatz von Pestiziden, die ihre natürlichen Feinde vernichtet haben, zu Schädlingen geworden. Herbizide sorgen dafür, dass die widerstandsfähigsten Pflanzen überleben und die empfindlicheren zugrunde gehen. Dadurch sind sie für den Rückgang der Biodiversität in unserer Umwelt mitverantwortlich.

Gärtnern ohne chemische Pestizide bedeutet, die eigene Gesundheit, aber auch das Wasser, die Pflanzen- und Tierwelt, die Luft, den Boden, kurz gesagt uns und unsere Umwelt zu schützen. Denn wir sollten nicht vergessen, dass der Mensch ohne die Natur nicht leben kann, da er ein Teil von ihr ist. Sie zu schützen, ist kein Luxus, sondern eine Notwendigkeit. Wir können ohne Weiteres auf Pestizide und andere künstliche Produkte verzichten, wenn wir unsere Gewohnheiten beim Gärtnern etwas verändern und unseren Garten mit anderen Augen betrachten. Warum die Natur also nicht, anstatt sie zu bekämpfen, zu unserer Verbündeten machen?

[1] Quelle: https://www.stern.de/panorama/gesellschaft/roundup-und-co---hobbygaertner-setzen-vermehrt-auf-chemikalien-8840270.html
[2] Quelle: https://de.statista.com/infografik/17416/glyphosatz-absatz-in-deutschland/
[3] Quelle: https://www.stern.de/panorama/gesellschaft/roundup-und-co---hobbygaertner-setzen-vermehrt-auf-chemikalien-8840270.html
[4] Quelle: https://www.gesetze-im-internet.de/pflschg_2012/__12.html
[5] Quelle: https://www.umweltbundesamt.de/daten/land-forstwirtschaft/pflanzenschutzmittelverwendung-in-der#funde-von-pflanzenschutzmitteln-in-gewassern

BIODIVERSITÄT IM GARTEN FÖRDERN

„Der Feind meines Feindes ist mein Freund" – nach diesem Prinzip lässt sich das **Treiben von Schädlingen auf natürliche Weise begrenzen**. Indem wir die **Hilfsfauna** in unseren Garten einladen und die **Biodiversität** mit **Blühstreifen**, **Grünstreifen** oder **Insektenhotels** fördern, schützen wir unsere Pflanzen auf natürliche Weise, ohne gesundheitsschädliche und umweltbelastende Stoffe einsetzen zu müssen!

1

DIE VORTEILE EINER VIELFÄLTIGEN FAUNA

Anstatt Schädlinge direkt zu beseitigen, schaffen pestizidfrei Gärtnernde günstige Bedingungen für eine große Vielfalt an Tieren in ihrem Garten, die bei der Regulierung von Schädlingen helfen: deren natürliche Feinde.

Das bekannteste Beispiel für einen Nützling dieser Hilfsfauna ist der Marienkäfer 1, dessen Larve im Verlauf ihrer Entwicklung bis zu 600 Blattläuse verspeist. Weniger bekannt sind parasitäre Wespenarten, die ihre Eier im Inneren von Blattläusen und Raupen ablegen und so letztlich deren Tod verursachen.

Diese natürliche Regulierung ist häufig ausreichend, um potenziell schädliche Insekten unter Kontrolle zu halten. Sind sie nur in kleiner Anzahl vorhanden, verursachen sie nur geringfügige Schäden. Das heißt: Siedelt sich im Garten eine vielfältige Fauna an, erhöht sich dort das ökologische Gleichgewicht, und die Anfälligkeit für Angriffe „schädlicher“ Insekten nimmt ab. Vor diesem Hintergrund stellt sich die Frage, wie sich diese Hilfsfauna am besten anlocken lässt.

Zuerst bietet man ihr eine Vielzahl an Unterschlupfmöglichkeiten und Nahrungsquellen, wobei uns spontan gedeihende Pflanzen helfen können – unter der Voraussetzung, dass sie toleriert werden und wir nicht das kleinste Büschel Wildkräuter dafür herausreißen. Wenn wir zum Beispiel in einer Ecke des Gartens einige Brennnesseln stehen lassen, ist dies eine ausgezeichnete Möglichkeit, die Blattläuse und damit auch die Marienkäfer anzulocken, die ihre Eier nur auf bereits befallenen Pflanzen ablegen.

Naturnahes Gärtnern verlangt eine größere Toleranz, denn es verträgt sich nicht gut mit einem zu gründlich gepflegten Garten, in dem jede Blattlaus eliminiert wird. Insgesamt nehmen die rund 20 Millionen Hausgärten und eine Million Schrebergärten in Deutschland eine Fläche von etwa 930 000 Hektar ein, das entspricht mehr als einem Drittel der gesamten Naturschutzgebietsfläche des Landes, und damit spielen sie für den Erhalt der Biodiversität eine sehr wichtige Rolle.

2

Nützling oder Schädling?

Ob ein Lebewesen „nützlich“ oder „schädlich“ ist, ist nicht immer einfach zu entscheiden, denn diese Bestimmung nimmt nur der Mensch nach seinen Kriterien vor. Die Natur kennt diese Begriffe nicht. Vieles kann man zudem von zwei Seiten betrachten, wie das Beispiel des Maulwurfs 2 zeigt. Dieses kleine Säugetier befreit den Garten von zahlreichen Insekten, hat zugleich jedoch die ärgerliche Angewohnheit, auf den Rasenflächen kleine Erdhügel zu produzieren.

1
2,70

DIE BEDEUTUNG VON BEGLEITPFLANZEN

Wild- und Kulturpflanzen spielen im Garten eine sehr wichtige Rolle. Als erstes Glied in der Nahrungskette bieten sie der Tierwelt Unterschlupf und Nahrung, insbesondere den Nützlingen der Hilfsfauna, ob dies nun Bestäuber sind oder natürliche Feinde der Schädlinge von Kulturpflanzen.

Hohe und niedrige Pflanzen, solche mit hohlen und mit markhaltigen Stängeln, mit Blütezeiten, die sich über die Gartensaison verteilen, mit verschiedenen Blütenformen ... Je vielfältiger die Vegetation ist, desto größer wird auch die Vielfalt an Insekten und damit der Hilfsfauna ausfallen. Deshalb ist es so überaus wichtig, die Kulturen zu mischen und – zumindest in kleinem Umfang – Wildpflanzen im Garten zu tolerieren.

Wirtspflanzen für die Hilfsfauna

Sollen Nützlinge zur rechten Zeit im Garten sein, müssen sie dort Bedingungen vorfinden, die ganzjährig zu ihrem Lebenszyklus passen. Dazu zählen insbesondere Unterschlupf und Nahrung. Bestimmte Insekten wie die Florfliege fressen im Larvenstadium Blattläuse, was natürlich für jeden Gärtner interessant ist. Als adulte Florfliegen hingegen ernähren sie sich von Pollen und Nektar.

Schafgarbe 1

Die Schafgarbe, eine weiß blühende, häufig auf Trockenwiesen anzutreffende Pflanze, ist für die Hilfsfauna eine der wertvollsten Wildpflanzen. Aufgesucht wird sie von kleinen Bienen, Schwebfliegen, Marienkäfern, Fliegen und Wespen, die als Bestäuber agieren oder natürliche Feinde von Schädlingen der Anbaupflanzen sind. Daher ist die Schafgarbe gelegentlich Teil von Blühstreifen, die von professionellen Obstbauern angelegt werden. Man findet sie in der Wildform oder als Zierpflanze in verschiedenen Farben (Rosa, Gelb). Sie kommt zudem mit Trockenheit gut zurecht.

2

Nektarpflanzen

Damit Nützlinge sich ganzjährig wohlfühlen, bietet der Naturgarten über einen langen Zeitraum blühende Pflanzen. Unter der großen Vielfalt ragen besonders zwei Familien heraus: die Korbblütler (*Asteraceae, Compositae*) und die Doldenblütler *(Apiaceae)*.
Unter den Korbblütlern findet man viele unserer Gartenblumen, wie Kosmeen, Zinnien, Sonnenblumen, Purpur-Sonnenhut. Ihre lange Blütezeit sichert der Hilfsfauna – insbesondere den Schmetterlingen – Pollen und Nektar. Zu den Blumen mit der längsten Blütezeit, vom Frühjahr bis zum ersten Frost, gehören Ringelblume und Tagetes. Ebenfalls interessant sind sehr früh blühende Pflanzen wie der Gämswurz 2 (April) oder späte Blüher wie Astern (Juli–November, je nach Sorte) und Helianthus oder mehrjährige Sonnenblumen (September–

3

Oktober). Unter den Wildpflanzen sind die Korbblütler sehr zahlreich. Zu nennen sind hier Schafgarbe (siehe Kasten S. 11), Löwenzahn, Margerite, Flockenblume, Kleines Habichtskraut oder auch, weniger bekannt, der Gemeine Rainkohl, eine unauffällige kleine gelbe Blume. Zu den **Doldenblütlern** gehören Petersilie, Engelwurz, Fenchel, Koriander 3, Kerbel und Karotte. Sie zählen zu den Pflanzen, die von Nützlingen am meisten aufgesucht werden. Auf ihren kleinen Blüten können viele Insekten, wie die Schwebfliegen, problemlos Nektar und Blütenstaub sammeln, der Blütenstand in Form einer Dolde bildet eine ausgezeichnete Landebahn für Insekten. Von den Wildpflanzen wird die Wilde Möhre, ein Vorfahr unserer Gartenmöhre, häufig in die Pflanzenmischungen von Blühstreifen zum Schutz der Obstgärten aufgenommen. Die Blüten des Wiesen-Bärenklaus ziehen Schwebfliegen und Schlupfwespen an, sie sind natürliche Feinde von Schädlingen.
Nicht zu vergessen die **Lippenblütler**, zu denen Lavendel, Rosmarin, Salbei, Taubnessel, Thymian und Oregano zählen. Sie wirken geradezu magnetisch auf Schmetterlinge, Hummeln und weitere Bestäuber. Die wild wachsende Weiße Taubnessel 4 – wegen ihrer Ähnlichkeit mit der Brennnessel auch „Weiße Brennnessel" genannt – wird im Frühling intensiv von Hummeln besucht. Purpurrote Taubnessel und Gundermann blühen zur Freude der ersten Nektar und Pollen sammelnden Insekten ab Winterende, häufig vor den Kulturpflanzen.

4

Kletterefeu

Seinem schlechten Ruf zum Trotz ist Kletterefeu eine für die Ökosysteme sehr vorteilhafte Pflanze. Seine Blüten bieten Bienen, Hummeln und Schmetterlingen eine der letzten Pollenquellen der Saison. Man muss nur im September an einem blühenden Efeu vorbeilaufen, um das unaufhörliche Summen zu vernehmen. Sein Laub bietet Vögeln und kleinen Säugetieren einen wertvollen Unterschlupf, und seine Früchte sind im Winter eine Nahrungsquelle für Vögel.

Dem Kletterefeu wird häufig – zu Unrecht – vorgeworfen, ein Baumschmarotzer zu sein. Dies trifft absolut nicht zu: Anders als die Mistel zapft der Efeu den Saft der Bäume nicht an. Allerdings kann er bei einem alten Baum die Anfälligkeit gegenüber Wind erhöhen. Warum sollte man also dem Efeu nicht erlauben, sich anzusiedeln, wenn keine Gefahr von ihm ausgeht – in einer Hecke beispielsweise?

Überlassen Sie der Natur ein paar Ecken im Garten!

Sie können in Ihrem Garten ohne Weiteres einige Bereiche mit hohem Gras stehen lassen, als Streifen oder Rechteck, in Form von Grasbüscheln unter einem Baum beispielsweise. Diese sogenannten Grasstreifen sind für zahlreiche nützliche Insekten wie Marienkäfer, Florfliegen, Laufkäfer, Spinnen, aber auch für kleine Säugetiere und Vögel günstig.

Wenn Sie die Ränder akkurat mähen, entsteht ein schöner Kontrast zum unordentlichen Aussehen des Grasstreifens. Falls Ihr Wildbereich groß ist, können Sie auch einen kleinen Weg dazwischenmähen, von dem aus sich Pflanzen und Insekten aus der Nähe beobachten lassen. Die einzige Pflege, die Sie vorsehen müssen, ist eine späte Mahd (mit Freischneider, Sense oder Rasentrimmer) im Herbst oder am Ende des Winters, damit im folgenden Jahr die niedrigen Pflanzen Licht abbekommen und eine größere (Bio-)Diversität begünstigt wird. Bringen Sie das Gemähte nach Möglichkeit auf den Kompost, oder verwenden Sie es als schützende Bodenbedeckung in Ihrem Gemüsegarten oder auf Ihren Beeten.

Ein weiterer Schatz für Insekten: die Gattung **Phacelia**, die als Gründünger bekannt ist. Ihre hübschen blauen Blüten, die besonders viel Nektar bieten, ziehen Bienen, Hummeln, Marienkäfer und Schwebfliegen an.

Pflanzen als Insektenreservoir

Unter den Pflanzen, die die Hilfsfauna unterstützen, gibt es auch solche, die als Insektenreservoir dienen und damit den Nützlingen Nahrung bieten. Ein Beispiel ist die **Kapuzinerkresse** 5: Diese hübsche in Gelb- und Orangetönen blühende Pflanze, beherbergt häufig ganze Kolonien von Blattläusen und verschiedenen Raupen und dient Nützlingen als regelrechte Schutzstation. Sie ist sehr pflegeleicht und samt sich auch sehr leicht aus.

Bei Gärtnern unbeliebt, ist die **Brennnessel** dennoch eine Goldmine im Garten. Diese nitrophile (Stickstoff liebende) Pflanze zieht typischerweise Blattläuse an und ernährt viele Nützlinge wie die beliebten Marienkäfer, aber auch Laufkäfer und viele weitere Insekten. Sie deckt zahlreichen Schmetterlingsraupen den Tisch 6, wie denen des Tagpfauenauges, des Landkärtchens *(Araschnia Levana)* und des Admirals.

Pflanzen zur Insektenabwehr ...

Bestimmte Pflanzen können durch Abgabe von Substanzen oder Gerüchen unerwünschte Insekten fernhalten oder durcheinanderbringen. So wehrt beispielsweise das **Wermutkraut** 7, das reich an bestimmten Stoffen (Lignanen) ist, zahlreiche Insekten wie die Flohkäfer oder auch den Kohlweißling ab. Da es sich mit anderen Pflanzen jedoch schlecht verträgt, ist eher zu empfehlen, es zerkleinert auf die zu schützenden Kulturen zu streuen.

Dasselbe gilt für den **Schwarzen Holunder** 8, einen Strauch im ländlichen Raum, der sich häufig spontan in der Nähe von Wohnstätten ansiedelt. Seine frischen Blätter schrecken alle möglichen „Schädlinge" ab: Blattläuse, Raupen (von Eulenfaltern) oder auch Flohkäfer. Gemüsegärtner pflanzen ihn daher auch gern als Hecke um ihre Parzellen an. Zudem bieten seine hohlen Stängel (für den Menschen ungefährlichen) Wespen Schutz, die Feinde verschiedener Insekten und Raupen sind.

Unter diesen Abwehrpflanzen finden sich zahlreiche Duftpflanzen wie der **Lavendel**. Er riecht nicht nur herrlich, sondern gilt auch als wirksame Abwehr gegen Blattläuse und Ameisen, weswegen es lohnend sein kann, ihn unter einem Rosenstock anzupflanzen oder einige Blätter zwischen den zu schützenden Pflanzen zu verstreuen. Lavendel zählt außerdem zu den attraktivsten Pflanzen für Schmetterlinge, und das bietet ein echtes Schauspiel der Natur! Im Gemüsegarten schützen sich bestimmte Kulturpflanzen gegenseitig vor Schädlingen, wie Karotte und Lauch oder Zwiebel (vor der Möhrenfliege bzw. der Lauchmotte). Es kann daher empfehlenswert sein, beide Gemüsesorten in abwechselnden Reihen anzupflanzen.

9

... oder zur Umleitung von Schädlingen

Eine andere Strategie besteht darin, Schädlinge von Pflanzen, die geschützt werden sollen, auf für sie attraktivere Pflanzen umzuleiten. Hierfür eignet sich der aus Südamerika stammende **Raukenblättrige Nachtschatten** 11. Diese große und kräftige, mit Dornen bewehrte Pflanze aus der Familie der Tomaten soll auf den Kartoffelkäfer so anziehend wirken, dass dieser darüber glatt die Kartoffeln „vergisst". In unseren Breitengraden ist die einjährige Pflanze kälteempfindlich und wird wie die Tomate angebaut: Im Februar/März wird sie im Warmen gesät und im Mai dann in der Nähe der Kartoffeln ausgepflanzt. Sie bildet zudem essbare kleine Früchte mit säuerlichem Geschmack.

10

Kulturpflanzen mit Zweigen schützen

Verteilen Sie auf zu schützenden Pflanzen Zweige dieser Arten: Weinraute 10 (gegen Nacktschnecken), Schwarzer Holunder (gegen Blattläuse, Raupen, Flohkäfer), Lavendel (gegen Blattläuse, Ameisen), Wermutkraut (gegen Flohkäfer, Kohlweißlinge u. a.), Tomaten-Geiztriebe (gegen Kohlweißlinge), Rainfarn 9 (gegen Blattläuse), Adlerfarn (gegen Kohlweißlinge).

11

Eine Hecke ist mehr als eine einfache Umfriedung

Neben dem Sichtschutz und einem unleugbaren landschaftlichen Reiz, den eine Hecke bietet, erfüllt sie noch vielfältige Aufgaben: Sie wirkt als Windschutz, sorgt für Schatten und Feuchtigkeit im Garten und trägt dazu bei, ein Mikroklima zu schaffen, das den Anbau begünstigt. Abgesehen davon, dass sie den Nützlingen des Gartens Unterschlupf und Nahrung bietet, wirkt sie auch als „ökologischer Korridor", d. h., sie erlaubt es der Wildfauna, sich in aller Ruhe von einem zum anderen Ort zu begeben, beispielsweise um sich fortzupflanzen.

Um möglichst viele Nützlinge anzulocken, besteht die Hecke idealerweise aus verschiedenen, nach Möglichkeit lokalen Pflanzenarten, die auf die Region abgestimmt sind. Sie bietet den Insekten Nektar und Pollen (Lorbeerblättriger Schneeball, Liguster), den Vögeln Beeren

Der Hilfsfauna einen Blumenstreifen säen 12

Auswahl der Blumen

Es gibt im Handel zahlreiche „gebrauchsfertige" Samenmischungen: „für Schmetterlinge", „Buntbrache", „Honigpflanzen", ohne dass die genaue Zusammensetzung immer angegeben wäre. Einige für Insekten interessante einjährige Pflanzen sind Borretsch, Phacelia (Bienenfreund), Ringelblume, Kosmea, Dill, Koriander, Ackersenf und Pastinake.

Einige Erzeuger bieten heute Wildblumenmischungen an, also Blumen, die keine genetische Selektion erfahren haben und daher natürlicher sind (siehe „Nützliche Adressen und Links", S. 95). Bevorzugen Sie einfache Blütenstände gegenüber gefüllten Zierblüten (wie bei der Kornblume, Sonnenblume, Margerite …), die für Insekten weniger gut geeignet sind.

Empfohlenes Vorgehen

Mit einer Gartenkralle den Boden lockern und grob glätten. Berechnen Sie die richtige Menge an Samen für den Blühstreifen anhand der geplanten Fläche (auf der Packung angegeben), und mischen Sie diese mit Gartenerde oder trockenem Sand, um das Ansäen zu erleichtern. Den Boden leicht harken, dann mit dem Rücken der Harke festklopfen. Falls keine feuchte Witterung herrscht und sich auch kein Regen am Horizont abzeichnet, die angesäte Fläche mit einer feinen Brause gießen.

(z. B. Weißdorn, Schwarzer Holunder) und auch hohle oder markhaltige Stängel als Unterschlupf für Solitärbienen und Solitärwespen. Dichtes Laub, etwa von Hainbuche, Rotbuche oder Stechpalme, bietet nistenden Vögeln einen wertvollen Schutz.

Eine Auswahl tierfreundlicher Heckenarten (je nach Region anzupassen)

Wegen der Früchte für die Fauna: Weißdorn 13, Schwarzer Holunder, Haselnussstrauch, Efeu, Sanddorn, Schlehdorn

Für nistende Vögel: Rotbuche, Hainbuche, Weißdorn

Für nützliche Insekten: Gewöhnliches Pfaffenhütchen 15, Lorbeerblättriger Schneeball, Weide, Gemeiner Schneeball 14, Feldahorn, Efeu, Buchsbaum, Schwarzer Holunder, Liguster, Roter Hartriegel und Kornelkirsche

Wegen ihrer hohlen oder markhaltigen Stängel: Schwarzer Holunder, Heckenrose, Faulbaum, Brombeerstrauch

Eine Hecke pflanzen

Niedrig zugeschnittene Hecke, frei wachsende Hecke, hoch austreibende Hecke … Hecken gibt es in vielen Formen. Sie haben die Wahl, je nach verfügbarem Platz und passend zur umgebenden Landschaft.

Welche Pflanzabstände sind zu beachten?

- Zur Grundstücksgrenze: Soll die Hecke weniger als 2 m hoch werden, einen Mindestabstand von 50 cm berücksichtigen. Bei höheren Hecken mindestens 2 m Abstand halten.
- Zwischen den einzelnen Pflanzen: Für eine niedrig zugeschnittene Hecke die einzelnen Pflanzen mit einem Mindestabstand von 50 cm, bei einer frei wachsenden Hecke von 1 m pflanzen.

Wann sollte gepflanzt werden?

Idealerweise wird eine Hecke zwischen Mitte November und Mitte März gepflanzt, an Tagen ohne Frost, starke Sonneneinstrahlung, trockenen Wind oder übermäßig nassen Boden.

Wie wird gepflanzt?

Zuerst wird auf der Pflanzfläche manuell Unkraut gejätet, beispielsweise mit einer Hacke. Anschließend die Erde mit einem Spaten oder einer Doppelgrabegabel (Grelinette) lockern, eventuell auch mit einer Gartenfräse, wenn die geplante Fläche sehr lang ist. Am besten wird der Boden in einer Breite von 80 cm und einer Tiefe von 40 cm bearbeitet. Jeweils ein Pflanzloch in der Größe von mindestens dem 1,5-Fachen der Pflanzenwurzel ausheben.

Bei wurzelnackten Pflanzen ausgetrocknete Wurzeln und beschädigte Teile sauber abschneiden. Oberirdische Teile hingegen nicht schneiden, um den Umpflanzungsstress für die Pflanze nicht zusätzlich zu erhöhen. In einem Eimer einen Lehmbrei zubereiten, d. h. eine Mischung aus Lehmerde und Wasser, und vor dem Einpflanzen die Wurzeln damit tränken.

Die Wurzeln werden flach in den Boden gesetzt. Sie sollen weder nach oben gebogen, noch zusammengedrückt werden. Die Pflanze so einsetzen, dass sich der Wurzelhals kurz über dem Bodenniveau befindet, dann mit Erde auffüllen und diese feststampfen. Nicht vergessen, eine kleine Gießmulde zu formen, die das Gießen erleichtert. Reichlich wässern, auch bei Regenwetter, damit die Erde gut an den Wurzeln anhaften kann. An den unteren Teil der Pflanzen eventuell etwas Kompost geben und alles abdecken (biologisch abbaubare Matte, Stroh, gehäckselte Zweige o. Ä.).

1

DIE HILFSFAUNA DES GÄRTNERS

Hier werden nur Nützlinge beschrieben, die Schädlinge jagen. Es tragen jedoch auch viele weitere Vertreter der Hilfsfauna zum allgemeinen Gleichgewicht des Gartens bei, dazu gehören die gesamte Reihe der Bodenzersetzer (Destruenten) und die Bestäuber, die für die Frucht- und Samenbildung unverzichtbar sind. Als Beispiele seien hier nur Wild- und Honigbienen, Hummeln und Schmetterlinge genannt.

Marienkäfer

Marienkäfer, die zu den bekanntesten Nützlingen gehören, sind kleine Käfer mit einem gepunkteten Panzer, deren Farbe sich je nach der Art unterscheidet (in Deutschland gibt es rund 70 Marienkäferarten). Bei unseren einheimischen Marienkäfern sind die mit sieben Punkten und die mit zwei Punkten am weitesten verbreitet. Die Larven mit ihren kurzen Beinen und ohne Flügel unterscheiden sich auffallend von den adulten Käfern.

Marienkäfer, insbesondere ihre Larven, sind große Räuber von Blattläusen, von denen sie im Lauf ihrer Entwicklung etwa 600 verzehren. Sie verachten aber auch andere Beutetiere nicht, wie Schildläuse oder Milben, und ernähren sich von Pollen und Nektar, wenn sich die Blattläuse rar machen. 1

Wie lockt man sie in den Garten?

- Es ist unnötig, Larven zu kaufen, denn Marienkäfer lassen sich von ganz alleine im Garten nieder. Damit sie sich dort wohlfühlen, einfach einige Pflanzen stehen lassen, die Blattlausträger sind (z.B. Brennnessel, Holunder, Kapuzinerkresse, Wermutkraut). Auf einem Büschel Brennnesseln werden die Marienkäfer nicht nur Blattläuse finden, sondern im Sommer auch Pollen. Sie können auch einfach einen Streifen mit hohem Gras stehen lassen.
- Da Marienkäfer im Winter in das adulte Stadium wechseln, müssen sie einen Unterschlupf finden, in dem sie die kalte Jahreszeit verbringen können. Am einfachsten ist es, eine Winterstreu aus trockenem Laub auszulegen und bis mindestens Ende März liegen zu lassen.

Und was ist mit dem Asiatischen Marienkäfer? 2

Der ursprünglich aus Südostasien stammende Asiatische Marienkäfer *(Harmonia Axyridis)* wurde in den Jahren 1980–1990 von professionellen und Hobbygärtnern zur Unterstützung der biologischen Schädlingsbekämpfung absichtlich in der Natur verbreitet. Sein Erfolg beruht auf seiner großen Fruchtbarkeit und seiner hohen Fähigkeit, Blattläuse zu vertilgen. Das Problem: Dadurch wird er zum Konkurrenten unserer europäischen Marienkäfer und kann sogar deren Larven fressen. Heute gilt er daher als invasiv.

2

- Sie können den Marienkäfern einen Unterschlupf bauen, dabei können auch Kinder gut helfen! Dafür werden Holzbrettchen im Abstand von 5 mm gestapelt.

Florfliege 3

Die Florfliege ist ein elegantes Insekt mit zartem grünem Körper und membranösen Flügeln. Die Larve dieses nützlichen Insekts ist ein außergewöhnlicher Fressfeind von Blattläusen (200–500 vertilgt sie im Lauf ihres Lebenszyklus), aber auch von anderen Beutetieren, wie Milben, jungen Raupen, Schildlauslarven etc. Die Larven werden sogar für die biologische Schädlingsbekämpfung verkauft, insbesondere für Gewächshäuser. Adulte Florfliegen ernähren sich hingegen hauptsächlich von Nektar und Pollen und können in Gärten, auf Obstbäumen oder Gemüsepflanzen beobachtet werden. Die adulten Florfliegen verbringen den Winter in einer Art Winterstarre in aufgehäuftem Holz oder Laub oder in ungeheizten Räumlichkeiten.

Wie lockt man sie in den Garten?

Um Florfliegen im Garten günstige Bedingungen zu bieten, einfach einen Grasstreifen oder einige Pflanzen stehen lassen, auf denen sich Blattläuse gerne sammeln. Um den adulten Tieren über den Winter zu helfen, Unterschlupfmöglichkeiten bereithalten, wie Trockenmauern, hohle Ziegel, hohle Bäume o. Ä. Florfliegen können sich auch in Vogelnistkästen niederlassen, die nicht gereinigt wurden.

Oder Sie bauen den Florfliegen einen Unterschlupf. Hierzu nehmen Sie ein Stück Holz und bohren in eine Seite Löcher mit 1,5 cm Durchmesser. Dieses hängen Sie dann in einer Höhe von 1,5–2 m nach Süd/Südost ausgerichtet auf. 4

Laufkäfer 5

Laufkäfer sind Insekten, die sehr empfindlich auf Pestizide reagieren und in bestimmten Regionen selten geworden sind. Häufig halten sie sich in Hecken auf und sind gute Indikatoren für die Qualität unserer Umwelt. Sie vertilgen große Mengen von Nacktschnecken und Schnecken, Insektenlarven (von Schnellkäfern, Maikäfern, Kartoffelkäfern und anderen) sowie Blattläusen. Diese hauptsächlich nachtaktiven wertvollen Gartennützlinge halten sich tagsüber unter Pflanzen, in der Streu oder unter Steinen auf.

Wie lockt man sie in den Garten?

- Laufkäfer werden durch Hecken und Graszonen, Blühstreifen und Holzscheite in der Hecke gefördert.

Ohrenkneifer

Um den Namen dieses Insekts ranken sich viele Mythen. Die gute Nachricht: Es krabbelt nicht wirklich des Nachts in unsere Ohren, um

3

4

5

6

7

Sehr einfache, aber wirkungsvolle Unterschlupf-Möglichkeiten!

Ein einfacher Steinhaufen, Stapel aus Holz oder Zweigen, ein Bett aus Moos und trockenem Laub in einer ruhigen Ecke des Gartens, all dies sind wirkungsvolle Schutzräume für die Hilfsfauna. Unbedingt dafür sorgen! Kunstvoller ausgearbeitet sind die „Insektenhotels“ 6, in denen zahlreiche Materialien (Hohlstängel, markhaltige Stängel, mit Löchern versehene Holzscheite) ästhetisch kombiniert werden können.

uns zu kneifen – auch wenn seine hinteren Zangen dies vermuten lassen könnten. Vielmehr wurde es in der Antike in pulverisierter Form als Mittel gegen Ohrenleiden eingesetzt. Als Allesfresser und Generalist vertilgt der Ohrenkneifer (oder Ohrwurm) viele Blattläuse und kleine Insekten, die er nachts jagt, aber auch Pflanzenabfälle und gelegentlich Keimlinge. Man findet ihn im Sommer unter Steinen, in trockenem Laub, in Blumen und Bäumen.

Wie lockt man sie in den Garten?

- Um Ohrenkneifer anzulocken, füllen Sie kleine auf den Kopf gestellte Blumentöpfe mit Stroh oder Moos und hängen diese an zu schützenden Pflanzen (hier: einer Artischocke) auf. 7

8

9

Schwebfliegen 8

Mit ihrem gestreiften Bauch werden die Schwebfliegen vom unerfahrenen Beobachter leicht mit Wespen verwechselt. Diese völlig ungefährlichen, schnellen Fliegen besuchen die Gärten zwischen März und Oktober auf der Suche nach Pollen und Nektar, insbesondere von Doldenblütlern und Korbblütlern. Ihre Larven sind sehr wirksame Nützlinge, die im Lauf ihrer Entwicklung bis zu 500 Blattläuse fressen können. Jedes Weibchen legt in der Nähe von Blattlauskolonien bis zu 800 Eier.

Wie lockt man sie in den Garten?

- Säen Sie Blumen aus, die für Schwebfliegen attraktiv sind und adulte Tiere ernähren können, insbesondere Pflanzen aus der Familie der Doldenblütler (Dill, Koriander, Petersilie, Fenchel, Karotte …) und der Korbblütler (Ringelblume, Schafgarbe, Löwenzahn, Stauden-Sonnenblume 9).

Parasitäre Mikrowespen

Das Aussehen dieser kleinen und wenig bekannten Wespen hat nichts mit dem der sozialen Faltenwespen *(Vespidae)* zu tun, die wir häufig fürchten. Als Parasiten legen sie ihre Eier im Inneren ihres Wirts ab, der, je nach Art, eine Blattlaus, eine Raupe, eine Schildlaus oder ein Schnellkäfer sein kann. Dort entwickelt sich die Larve bis zum Tod ihres Wirts. Das macht diese Wespen zu sehr wirkungsvollen Nützlingen! Die adulten Wespen ernähren sich von Nektar, insbesondere von dem bestimmter Blumen aus der Familie der Doldenblütler und der Korbblütler.

Wie lockt man sie in den Garten?

- Unterstützen Sie die adulten Wespen, indem Sie Blumen aus der Familie der Doldenblütler anpflanzen, wie Fenchel, Dill, Koriander, oder aus der Familie der Korbblütler, zum Beispiel Ringelblume, Tagetes, Sonnenhut oder Schafgarbe. Sie können auch einfach einige Petersilien-, Kerbel- oder Karottenpflanzen zur Blüte kommen lassen.

Amphibien 10

Kröten, Frösche, Molche und Salamander zählen zu den Amphibien, deren Lebenszyklus sich auf zwei Phasen aufteilt: eine Phase als Larve im Wasser und eine Phase als adultes Tier an Land. Die adulten Amphibien sind für den Garten wichtige Nützlinge, die sich von Insekten, Würmern, Nacktschnecken und anderen Schnecken ernähren. Im hohen Gras oder unter Steinen finden sie die Feuchtigkeit, die sie

Besser kennen – besser schützen

Man schützt, was man schätzt. Wenn Sie sich die Zeit für Erlebnisse in der Natur und Beobachtungen natürlicher Prozesse nehmen, werden Sie eine faszinierende Welt entdecken, die es wert ist, erhalten und geschützt zu werden. Zahlreiche Unweltverbände, Naturschutzorganisationen und Vereine, wie beispielsweise NABU, BUND, Landesbund für Vogelschutz LBV oder Naturgarten e. V., bieten Exkursionen in die Natur an, bei denen Sie Pflanzen, Vögel, Schmetterlinge und andere Insekten aus der Nähe kennenlernen können. Die 16 Nationalparks und 18 Biospährenreservate Deutschlands leisten mit ihren Informationszentren einen wichtigen Beitrag zur Umweltbildung und haben spannende Angebote für Groß und Klein. Waldklassenzimmer oder Naturkindergärten ermöglichen Kindern einen spielerischen Zugang zur Natur. Dies sind nur einige Ideen, um die Natur zu erleben. Nützliche Adressen und Links hierzu finden Sie auf S. 95.

brauchen. Alle Amphibien stehen unter Naturschutz und dürfen weder ausgesiedelt noch getötet werden.

10

Wie lockt man sie in den Garten?

- Damit Amphibien einen Garten besuchen, ist eine Wasserfläche in der Umgebung unverzichtbar. Das Anlegen eines Teichs ist eine gute Möglichkeit, diesen Tieren zu helfen, die in den letzten Jahren stark unter dem Rückgang solcher Wasserflächen gelitten haben.
- Ohne hier im Detail auf das Anlegen eines Teichs eingehen zu wollen (ziehen Sie dazu entsprechende Fachliteratur zurate), ist darauf hinzuweisen, dass Uferbereiche mit sanftem Gefälle den Zugang erleichtern. Setzen Sie keine Fische in den Teich, denn diese fressen Eier und Larven der Amphibien. Was die Bepflanzung betrifft, können Sie es entweder dem Teich selbst überlassen, Pflanzen sich ansiedeln zu lassen, oder lokale Arten einsetzen (informieren Sie sich bei einschlägigen Verbänden in Ihrer Region und bei spezialisierten Erzeugern).

Igel

Dieses kleine Säugetier ist tagsüber unauffällig – was man nachts nicht behaupten kann, wenn es frisst oder seine Nahrung sucht! Der Igel ist als Insekten- und Allesfresser ein wertvoller Verbündeter des Gärtners, denn er verzehrt zahlreiche Bodeninsekten wie Maikäfer, Ohrenkneifer (die sich neben Schädlingen auch ganz gern über Früchte hermachen), Raupen, Eulenfalter, aber auch Nacktschnecken, andere Schnecken und Regenwürmer. Zum Nisten und zur Fortpflanzung braucht der Igel Hecken, Geäst, Stein- und Laubhaufen sowie Wurzelwerk. Sie werden es schon bemerkt haben: Wenn Sie Igel in Ihren Garten locken wollen, ist eine abwechslungsreiche Umgebung gefragt. Igel stehen unter Naturschutz, es ist daher nicht erlaubt, einen Igel zu fangen und im Garten auszusetzen. Hingegen verbietet nichts und niemand, ihn mit günstigen Lebensbedingungen anzulocken!

Wie lockt man sie in den Garten?

- Abgesehen vom Verzicht auf Pestizide helfen Sie dem Igel, indem Sie einige Laubhaufen im Garten liegen lassen. Darin findet er einen geeigneten Platz für seinen Winterschlaf. Auch Komposthaufen liebt er, darin kann er den Winter im Warmen verbringen und findet zudem noch reichlich Nahrung.
- Eine umgedrehte Kiste als Unterschlupf: Da der Igel nicht sehr anspruchsvoll ist, stellt eine einfache auf den Kopf gestellte Holzkiste mit einer Öffnung nach Südosten einen ordentlichen Unterschlupf dar. Die Kiste mit trockenem Laub abdecken, so wird sie gegen Kälte und Feuchtigkeit isoliert. Es ist überflüssig, Blätter oder andere Pflanzenabfälle in der Kiste zu verteilen, darum kümmert der Igel sich selbst.

Spitzmaus

Dieses kleine insektenfressende Säugetier erkennt man an seiner langen dünnen Schnauze, wodurch es sich von Feldmaus, Hausmaus und Wühlmaus unterscheidet. Die Spitzmaus ernährt sich von Insekten, Schnecken, Spinnen und Würmern. Sie kann täglich die Menge ihres Körpergewichts fressen, wodurch sie ein wertvoller Nützling im Garten ist. Sie sucht trockenes Laub, Moos, trockenes Gras, Steinhaufen und die Nähe zu Komposthaufen, wo sie reichlich Nahrung, aber auch einen Nistplatz findet.

Wie lockt man sie in den Garten?

- Im Garten aufgehäuftes Geäst, einen höheren Berg Grasschnitt, im Winter eine dichte Strohabdeckung vorsehen, damit sie sich vor Räubern, aber auch vor der Kälte schützen kann.

Vögel

Vögel im Garten faszinieren uns nicht nur durch ihre Schönheit und ihren Gesang, die meisten sind zudem wertvolle Verbündete des Gärtners. Zwar sorgen einige von ihnen auch für Ärger im Obstgarten, die meisten jedoch sind aktive Räuber von Insekten, wie Blattläusen, die auf Obstbäumen und Rosenstöcken sitzen, Larven des Apfelwicklers oder Kohlweißlings. Einige Vögel, wie der Zaunkönig oder die Heckenbraunelle, sind fast ausschließlich Insektenfresser, viele andere wechseln vom Körnerfresser im Winter zum Insektenfresser im Frühjahr, wenn sie nisten und ihre Jungen füttern. Dies gilt beispielsweise für Meisen, Buchfinken oder Mönchsgrasmücken. Drosseln, Amseln und Stare sind Opportunisten: Als Liebhaber von Früchten, selbst wenn diese faulen, fressen sie auch Würmer und Weichtiere. Einige bauen sich ihre Nester in Bäumen und Sträuchern, wie die Heckenbraunelle, der Buchfink oder der Zaunkönig. Andere finden Unterschlupf in natürlichen Hohlräumen oder Mauerlöchern.

11

12

13

Wie lockt man sie in den Garten?

- Pflanzen Sie Bäume und Heckensträucher, die für Vögel günstig sind und in denen sie nisten können (z.B. Weißdorn, Rotbuche, Hainbuche, Stechpalme, Efeu) oder deren Früchte ihnen Nahrung bieten (Holunder, Stechpalme, Roter Hartriegel 11 u. a.).
- **Nistkästen anbringen 12:** Nicht alle Vögel sind Kandidaten für Nistkästen, nur einige Arten wie Blau- und Kohlmeisen, Rotkehlchen, Hausrotschwanz und Kleiber nutzen sie.

Jeder Nistkasten muss das für die erwünschte Vogelart spezifische Einflugloch aufweisen und aus unbehandeltem Rohholz hergestellt sein, eventuell mit Leinöl eingelassen. Nach Möglichkeit wird er im Herbst aufgehängt, dabei je nach erwünschter Vogelart in der entsprechenden Höhe. Achten Sie darauf, dass der gewählte Ort für Räuber unzugänglich ist. Nistkästen können fertig gekauft werden (siehe „Nützliche Adressen und Links" auf S. 95), man kann sie jedoch auch gut selbst bauen. Anleitungen dazu finden sich im Internet, beispielsweise auf der Website des NABU.

- **Vogelfütterung im Winter:** Da die Naturräume zurückgehen und die Gärten häufig zu gründlich aufgeräumt werden, kann es für Vögel schwierig werden, im Winter Futter zu finden. Um ihnen etwas Hilfestellung zu geben, können Sie ihnen ohne Weiteres den Winter über ungesalzene Sonnenblumenkerne, spezielle Körnermischungen oder Meisenknödel anbieten. Befindet sich das Futterhäuschen in Hausnähe, kommen Sie so auch noch in den Genuss eines echten Schauspiels! Entgegen der landläufigen Meinung verfüttern Sie bitte kein Brot, es ist für Vögel gesundheitsschädlich. Denken Sie außerdem an eine geeignete Vogeltränke, geschützt vor Katzen: Auch Vögel brauchen Wasser!

Blaumeise 13 und Kohlmeise

Blau- und Kohlmeisen sind die Akrobaten im Garten, die zu den vertrauten Vögeln im Umfeld der Häuser und zu den Stammgästen der Vogelhäuschen zählen. Dazu sind sie Nützlinge ersten Ranges im Pflanzenanbau. Im Frühjahr vertilgen diese Insektenfresser zahlreiche kleine Insekten und Raupen, wie die der Wickler, Apfelwickler und Kohlweißlinge. Ein Kohlmeisenpärchen frisst zwischen 12 000 und 18 000 Raupen!

Fledermäuse

Diese nachtaktiven und ausschließlich Insekten fressenden Säugetiere sind eine wert- und wirkungsvolle Hilfe. Ihr Futter? Alle Arten fliegender Insekten, wie Nachtfalter, darunter Lauchmotten, Apfelwickler, aber auch Maikäfer, Mücken, Fliegen, und zwar bis zu 3000 Insekten pro Nacht! Fledermäuse finden in natürlichen Hohlräumen oder Gebäuden Unterschlupf, auch für die Fortpflanzung oder den Winterschlaf. Der Bestand dieser geschützten Säugetiere geht jedoch stark zurück. Ursachen sind der Einsatz von Pestiziden, aber auch die seltener werdenden Unterschlupfmöglichkeiten wegen des Abrisses oder der Renovierung alter Gebäude.

Wie lockt man sie in den Garten?

- **Fledermauskästen:** Zum Ausgleich für das Fehlen natürlicher Unterkünfte können aus Rohholz Fledermauskästen gebaut werden. Sie haben die Öffnung unten und nur eine geringe Tiefe (2–4 cm). Baupläne sind bei Naturschutzverbänden erhältlich. Falls Sie sich nicht selbst ans Werk machen wollen, finden Sie auch fertige Fledermauskästen im Fachhandel (siehe „Nützliche Adressen und Links“, S. 95). Hängen Sie den Kasten in einer Höhe von 3–6 m in der Ausrichtung Süd/Südost auf, geschützt vor Regen, direkter Sonnenbestrahlung und Wind.

Im Garten erst spät reinemachen 14

Um Vögel ebenso wie Insekten zu unterstützen, schneiden Sie Blumen nicht zu bald nach der Blüte ab. Pflanzen, die Samen produzieren, sind zwar weniger hübsch anzuschauen, für zahlreiche Vögel jedoch äußerst wichtig, denn für sie stellen sie eine Futterreserve dar. Warten Sie mit dem Schneiden also bis zum Ende des Winters oder Beginn des Frühlings. Lassen Sie zudem einige Pflanzen mit Hohlstängeln stehen, wie Fenchel, Bärenklau, Engelwurz: In der kalten Jahreszeit bieten sie einer ganzen Reihe von Insekten Unterschlupf.

Hühner im Garten 15

Hühner liefern uns nicht nur Eier und einen natürlichen Dünger, sondern sind auch wirksame Nützlinge. Auf Streuobstwiesen fressen sie Gras und jagen jederzeit Ameisen, Larven und Puppen schädlicher Insekten, aber auch Nützlinge. Wenn der Hühnerstall in der Nähe ist, können die Hühner ständig auf den Streuobstwiesen bleiben.

Man kann sie auch gezielt auf die Streuobstwiesen lassen, genau in der Zeit, in der die Insektenlarven, auf die man es abgesehen hat, vorkommen. So können die Hühner zum Sommerende/Herbstbeginn auf Streuobstwiesen die Raupen des Apfel- und Birnenwicklers bekämpfen, im Juli/August die Kirschfruchtfliege, wenn sich die Made in den Boden gräbt. Ab August/September kann man sie dann in die Nähe von Haselnusssträuchern lassen, die vom Haselnussbohrer befallen sind (wodurch die Nüsse wurmig werden).

15

UNKRAUT BEKÄMPFEN, OHNE DIE UMWELT ZU BELASTEN

Chemische Unkrautvernichter schaden der Gesundheit, **verunreinigen das Grundwasser** und **bedrohen die Biodiversität**. Aber wie kann man auf sie verzichten, wie können unerwünschte Pflanzen auf ökologisch verträgliche Weise ferngehalten werden? Die Antwort lautet: spontan wachsende Pflanzen **mit anderen Augen betrachten, vorbeugen** und **vorausschauend tätig werden!**

1

2

3

4

WILDWACHSENDES MIT ANDEREN AUGEN BETRACHTEN

Um den Einsatz von Pestiziden zu vermeiden, ist zunächst einmal eine größere Toleranz gegenüber der spontanen Begleitvegetation nötig. Die Einteilung in „gutes" Kraut und in „Unkraut" hängt davon ab, wie man eine Pflanze sieht. Je mehr man über die Pflanzen weiß, desto klarer wird, dass es nur sehr wenige wirkliche „Unkräuter" gibt. Vielmehr gibt es viele Wildpflanzen, die an Stellen wachsen, wo man sie nicht gepflanzt hat. Muss man „Unkraut" also wirklich entfernen?

Zeigerpflanzen als Bioindikatoren

Da Wildpflanzen nie zufällig wachsen, liefern sie uns wertvolle Hinweise zur Bodenqualität. So sind etwa die Gewöhnliche Vogelmiere 1 und der Wegerich Indikatoren für einen ausgewogenen Boden. Brennnessel, Weiße Taubnessel und Kletten-Labkraut 2 zeigen uns einen Boden an, der reich an organischen Stoffen ist, während der Breitwegerich 3 auf einen verdichteten Boden hinweist. Einige Planzen zeigen einen sauren Boden an (Kleiner Sauerampfer 5), andere einen kalkhaltigen Boden (Einjähriges Bingelkraut, Gewöhnlicher Erdrauch).

Wildpflanzen lieber essen, anstatt sie zu vernichten!

Abgesehen davon, dass Wildpflanzen der Hilfsfauna Pollen und Nektar liefern, sind sie in vielerlei, häufig wenig bekannter Hinsicht bedeutsam. Wissen Sie beispielsweise, dass viele von ihnen essbar sind (siehe Kästchen folgende Seiten)? So ist der Gundermann 4 mit minzähnlichem Geschmack, gehackt unter Frischkäse gemischt oder als Teil einer Persillade über Gemüse gegeben, eine Köstlichkeit. Oder nehmen Sie die Brennnessel, sie ist ein echtes gesundheitsförderndes Lebensmittel und kann für Eintöpfe, Tartes, Quiches oder Gemüsekuchen verwendet werden. Warum also nicht im Gemüsegarten selektiv jäten und einigen essbaren Wildpflanzen erlauben, zwischen dem Gemüse zu wachsen? So liefern sie eine kostenlose und nährstoffreiche Ernte! Lernen Sie, diese Pflanzen zu erkennen.

5

Nachfolgend finden Sie einige Steckbriefe von Pflanzen und Möglichkeiten für ihre Verwendung.

Hirtentäschel *(Capsella bursa-pastoris)*

Beschreibung: Das Hirtentäschel, eine einjährige, 20–60 cm hohe Pflanze, besitzt behaarte und gefiederte Laubblätter in Rosetten, die schwer zu erkennen sind. Die herzförmigen Früchte hingegen sind gut erkennbar: Sie erinnern an die Taschen, die früher von Hirten getragen wurden und denen die Pflanze ihren Namen verdankt.
Wo zu finden? In Beeten und Gemüsegärten.
Verwendungsmöglichkeiten: Die scharf-pikant schmeckenden Blätter werden als Salat gegessen, die Samen als Würzmittel verwendet. Was den Nährstoffgehalt des Hirtentäschels betrifft, ist die Pflanze reich an Vitaminen, Mineralstoffen (darunter Eisen) und Proteinen. Sie ist außerdem ein bewährtes volkstümliches Heilmittel bei diversen Blutungsereignissen.

Behaartes Schaumkraut *(Cardamine hirsuta)* 6

Beschreibung: Als kleine einjährige Pflanze (20 cm), verwandt mit der Senfpflanze, besitzt das Behaarte Schaumkraut sehr kleine weiße Blüten mit vier strahligen Blättern und stark gefiederte Laubblätter in Rosetten. Die reifen Früchte „explodieren", wodurch sie ihre Samen sehr wirksam auswerfen. Die Pflanze ist ab Ende des Winters zu sehen (Februar/März).
Wo zu finden? In Beeten und Gemüsegärten.
Verwendungsmöglichkeiten: Die kleine Pflanze mit scharf-pikantem Geschmack ist reich an den Vitaminen A und C und schmeckt sehr gut im Salat oder als Gewürz.

6

Kleines Kochrezept:

Toasts mit Behaartem Schaumkraut

50 g gesalzene Butter, ½ Zitrone, eine Handvoll junge Blätter und Blüten vom Behaarten Schaumkraut, Toastbrot

Die Butter weich werden lassen. Blätter und Blüten des Schaumkrauts mixen und unter die Butter rühren. Einen Spritzer Zitronensaft dazugeben. Die getoasteten Brotscheiben mit der Kräuterbutter bestreichen und in kleine Viertel schneiden.

Weißer Gänsefuß *(Chenopodium album)*

Beschreibung: Einjährige Pflanze mit ovalen oder rautenförmigen Blättern von aschgrüner Farbe; die sehr kleinen grünen Blüten sind zu dichten Ähren zusammengefasst.
Wo zu finden? In Beeten und Gemüsegärten.
Verwendungsmöglichkeiten: Seine jungen Triebe sind im Frühjahr vor der Blüte essbar. Sie können wie Spinat verwendet werden. Wegen der darin enthaltenen Oxalsäure sollten allerdings nur kleine Mengen verzehrt werden.

Kletten-Labkraut *(Galium aparine)*

Beschreibung: Seine weichen, mit Stachelborsten versehenen Stängel fühlen sich rau an, sie klammern sich an der Kleidung ebenso fest wie die kleinen kugeligen Früchte. Es besitzt wirtelige Blätter (zu sechst bis acht pro „Etage").
Wo zu finden? In der Nähe von Komposthaufen und Ablagerungen von Grünabfällen.
Verwendungsmöglichkeiten: Seine jungen Triebe, mit einem leicht bitteren Geschmack, sind gekocht essbar, beispielsweise in einem Eintopf. Seine Früchte haben früher – geröstet und gemahlen – als Kaffeeersatz gedient. Was seine Heilkraft angeht, wirkt es harntreibend und beruhigend.

7

Weiße Taubnessel *(Lamium album)* 7

Beschreibung: Ihre Blätter mit gesägtem Blattrand haben große Ähnlichkeit mit denen der Brennnessel – daher der deutsche Namensteil „Nessel". Von der Brennnessel unterscheidet sich die Weiße Taubnessel dadurch, dass sie nicht zur selben botanischen Familie gehört, keine Brennhaare besitzt und große weiße Blüten hervorbringt, die deutlich sichtbar sind und im Frühjahr von Hummeln aufgesucht werden. Ihr Stängel hat einen vierkantigen Querschnitt.

Wo zu finden? In der Nähe von Komposthaufen und unter Hecken.

Verwendungsmöglichkeiten: Die Weiße Taubnessel ist gut als Wildgemüse essbar. Sie hat auch heilkräftige Wirkungen und wird traditionell gegen Durchfall und Beschwerden mit Blutungen eingesetzt.

Kleines Kochrezept:

Galette mit Weißer Taubnessel

Eine gute Handvoll Blütenstände der Weißen Taubnessel, 1 Ei, 1 EL Mehl, grobes Salz, Olivenöl

In einem Topf mit gesalzenem kochendem Wasser die Weißen Taubnesseln einige Minuten kochen. Durch ein Sieb filtern und die gekochten Taubnesseln in eine Schüssel geben. Ei und Mehl zugeben, gründlich mischen. Diese Mischung in eine geölte Pfanne geben und mit einer Gabel zu einem dünnen Fladen glatt drücken. Die Galette von beiden Seiten backen und genießen.

Gundermann *(Glechoma hederacea)* 8

Beschreibung: Er kriecht am Boden wie der Kletterefeu, damit enden die Ähnlichkeiten der auch als Erdefeu bezeichneten Pflanze aber bereits! Die kleinen Blätter des Gundermanns, die stark duften, wenn man sie zwischen den Fingern reibt, haben eine leicht gezahnte Herzform, die Blüten sind violett.

Wo zu finden? Unter Hecken und auf Rasenflächen.

Verwendungsmöglichkeiten: Die Heilpflanze, die zur Behandlung von Atemwegserkrankungen eingesetzt wird, ist auch sehr gut essbar, sie schmeckt sehr aromatisch.

Kleines Kochrezept:

Toasts mit Ziegenkäse und Gundermann

1 Handvoll Gundermann, 1 Ziegenfrischkäse, Salz, Toastbrot

Die Blüten, falls vorhanden, beiseitestellen. Die Blätter von den Stielen zupfen und mixen. Die gemixten Blätter unter den zerdrückten Ziegenfrischkäse mischen, etwas salzen. Auf die zuvor getoasteten Brotscheiben streichen und diese in mundgerechte Stücke schneiden. Mit Blüten bestreut genießen.

8

Gewöhnliche Vogelmiere oder Vogel-Sternmiere (*Stellaria media*) 9

Beschreibung: Erkennbar ist sie an ihren kleinen weißen sternförmigen Blüten mit fünf gezähnten Blütenblättern und einem einreihig behaarten Stängel.

Wo zu finden? In Beeten und Gemüsegärten.

Verwendungsmöglichkeiten: Hieraus lässt sich einer unserer besten Wildsalate machen, zart und niemals bitter. Die jungen Triebe und die Blütenstände werden vor der Blüte geerntet. Die Pflanze ist reich an Vitamin C, Magnesium, Calcium und Silicium.

Nicht zu verwechseln mit dem Roten Gauchheil, der ähnliche Blätter hat, aber rote Blüten trägt und ungenießbar (giftig!) ist.

Große Brennnessel *(Urtica dioica)* 10

Beschreibung: Wer könnte die Brennnessel nicht kennen, an der wohl jeder schon schmerzhaft entlanggestreift ist! Ihre ovalen, zugespitzten und gezähnten Blätter sind mit Brennhaaren bedeckt, die für einen brennenden Schmerz verantwortlich sind. Die Wurzeln sind gelb und bilden Ausläufer.

Wo zu finden? In der Nähe von Komposthaufen und Ablagerungen von Grünabfällen.

Verwendungsmöglichkeiten: Diese sind zahlreich! Die Brennnessel ist vom Nährwert her ein wahrer Segen, reich an Vitaminen, Eisen,

11

Kleines Kochrezept:

Joghurt-Brennnessel-Soße

2 Handvoll Brennnesselblätter, 5 Blätter Sauerampfer, 1 cremiger Joghurt, Salz, Pfeffer

Die Brennnesselblätter im Mixer sehr fein hacken, dann den Sauerampfer, Joghurt, Salz und Pfeffer zugeben. Erneut mixen. Die Soße zu Rohkostsalaten reichen.

Proteinen und Silicium. Als kräftigende und remineralisierende Pflanze wird sie verwendet, um den Organismus zu reinigen, rheumatische Beschwerden zu lindern und für eine schöne Haut zu sorgen … Ihre Stängel, die im Lauf der Saison faserig werden, machten die Brennnessel bis zum frühen 20. Jahrhundert zu einer Textilpflanze.

Löwenzahn (*Taraxacum officinale*) 11

Beschreibung: Muss diese wohlbekannte Pflanze überhaupt vorgestellt werden? Eine Rosette gezähnter Blätter, ein hohler Blumenstängel, ein Blütenstand, der aus einer Vielzahl gelber Blüten besteht – das sind die Merkmale des Löwenzahns.
Wo zu finden? So gut wie überall: in Wiesen, Beeten, Mauervertiefungen, an Wegen …
Verwendungsmöglichkeiten: Am Löwenzahn ist alles gut! Die vor der Blüte stark harntreibenden Blätter sind die Zutat berühmter bitterer Frühjahrssalate. Aus den Blüten wird die Cramaillotte zubereitet, ein Löwenzahngelee. Die Wurzel wird vor allem in der Pflanzenheilkunde für eine Reinigung der Leber im Frühjahr angewendet.

Kleines Kochrezept:

Rühreier mit Löwenzahn

1 Zwiebel, 1 EL Olivenöl, Blätter von 5 Löwenzahnstängeln, 2 Eier, geriebener Gruyère, 1 Knoblauchzehe, Salz, Pfeffer

Die Zwiebel mit dem Olivenöl in einer Pfanne anbräunen. Die klein geschnittenen Löwenzahnblätter zugeben und zusammenfallen lassen. In einer Schüssel die Eier mit dem geriebenen Käse und dem gehackten Knoblauch verschlagen, salzen und pfeffern. Diese Masse in die Pfanne gießen und bis zur gewünschten Konsistenz garen lassen.

Spitzwegerich (*Plantago lanceolata*) 12

Beschreibung: Spitzwegerich besitzt in einer Rosette lange lanzenförmige Blätter mit parallelen Blattadern. Die Blüten sind zu dichten Ähren angeordnet (vor der Blüte kleine dunkelbraune Knospen).
Wo zu finden? Auf Wiesen und an Wegrändern.
Verwendungsmöglichkeiten: Spitzwegerich ist dafür bekannt, Verbrennungen durch Brennnesseln und Insektenstiche zu lindern, und besitzt antiallergische Eigenschaften. Er ist essbar (Blätter und junge Blütenknospen), der Geschmack erinnert an den von Champignons.

12

QUECKE, ACKERWINDE, ACKERDISTEL:

Wie hält man sie ohne chemische Produkte in Schach?

Zu den ungeliebten Pflanzen jedes Gärtners gehören Ackerwinde, Quecke und Ackerdistel, die man besonders schwer wieder loswird. Auch wenn es kein „Wundermittel" gibt, hier zumindest einige mögliche Vorgehensweisen.

Vermeiden Sie es nach Möglichkeit, diese Pflanzen bei der Bodenbearbeitung (Umgraben mit dem Spaten, Motorhacke) zu zerstückeln: Jedes abgeschnittene Ende bildet einen neuen Trieb. Eine Lösungsmöglichkeit besteht darin, den Boden mindestens ein ganzes Jahr lang mit Pappe, einer undurchsichtigen Plane oder einem alten Teppich abzudecken, um die Reserven dieser Pflanzen zu erschöpfen.

Ackerwinde 1

Sie ist ein rotes Tuch für jeden Gärtner und kann sich als überaus fruchtbar erweisen, denn sie verbreitet sich dank eines mehrere Meter langen Wurzelapparats. Rotten Sie möglichst viele Wurzeln mit einer Grabegabel aus. Säen Sie im Juli/August einen reinigenden Gründünger aus, beispielsweise Buchweizen.

Quecke

Ihr ausläuferbildendes Rhizom macht die Quecke besonders hartnäckig! Im Juli/August, wenn sie am wenigsten Reserven hat, die Rhizome mit einer Grabegabel oder Doppelgrabegabel (Grelinette) entfernen und anschließend einen reinigenden Gründünger wie Buchweizen oder Ackersenf säen.

Ackerdistel 2

Die Ackerdistel liebt fruchtbare Böden. Dieser gefürchtete Eindringling besitzt tiefe und lange Wurzeln sowie eine wirksame Vermehrung über die Samen, die seinen Erfolg garantieren. Lassen Sie die Ackerdistel nicht bis zur Samenbildung kommen, sondern mähen Sie sie im Mai/Juni ab, wenn die Pflanzenreserven auf dem Tiefpunkt sind. Im Herbst säen Sie einen Gründünger wie Wicke oder Ackersenf, um der Ackerdistel die Luft zu nehmen.

Ackerschachtelhalm 3 (*Equisetum arvense*)

Der Schachtelhalm, eine sehr alte, mit den Farnen verwandte Pflanze, ist im Garten sehr nützlich, um einen Absud und Schachtelhalmjauche herzustellen. Am geläufigsten ist der Ackerschachtelhalm, der auf jeder Art von Boden zu finden ist, egal ob trocken oder feucht.

Wo er keine Konkurrenz hat, in einem Beet oder an einem Kiesweg, kann er leicht überhandnehmen. Dank seines sehr tief in den Boden reichenden Rhizomsystems ist er äußerst vital und hält selbst Herbiziden stand. Und je schlimmer dem Boden zugesetzt wird, desto mehr gewinnt er die Oberhand!

Wie kann man ihn in Schach halten?

- Mähen Sie ihn wiederholt ab, um ihm nach und nach zuzusetzen. Warten Sie mit dem Abschneiden, bis er sich gut entwickelt hat, was seine Reserven erschöpft. So ersparen Sie sich unnötiges Tätigwerden.
- Sorgen Sie für Konkurrenz, indem Sie den betroffenen Bereich begrünen (beispielsweise durch die Aussaat von Gräsern). Je mehr Konkurrenz er bekommt, desto unauffälliger wird er!

3

4

Breitblättriger Sauerklee (*Oxalis latifolia*) 4

Der Sauerklee, eine 10–25 cm hohe ausdauernde Pflanze, wird wegen der dreiteiligen Blätter häufig mit Klee verwechselt. Ursprünglich aus Südamerika stammend, hat er sich in vielen anderen Ländern der Erde in den Gärten angesiedelt, eingeschleppt in Form von Brutknospen (Bulbillen), in Erdsäcken oder Pflanzencontainern. Aus einer Bulbille entsteht ein Büschel Blätter, aus dem heraus sich wiederum viele kleine Knollen bilden, die sich dann mithilfe des Gärtners oder von Tieren auf weiteren Flächen verbreiten.

Erhält der Sauerklee Konkurrenz, wird sein Einfluss begrenzt, er kann im Gemüsegarten jedoch bestimmte Gemüsesorten unterdrücken (z. B. Salate, Karotten, Rüben).

Wie kann man ihn in Schach halten?

Setzen Sie keine Gartenfräse ein, denn sie würde zu einer weiteren Streuung führen! Ende des Winters/Anfang des Frühjahrs bearbeiten Sie den Boden mit einer Doppelgrabegabel oder Grabegabel, wobei darauf zu achten ist, die Bulbillen nach und nach einzeln herauszuziehen. Sie dürfen nicht auf den Komposthaufen, sonst verteilen Sie sie im gesamten Garten. Die Bulbillen können im offenen Kamin oder Holzofen verbrannt oder, falls dies nicht möglich ist, im Müll entsorgt werden. Während der Vegetationsperiode reißen Sie jedes Büschel, das Sie entdecken, sofort heraus. Eine stark befallene Parzelle sollten Sie mindestens ein Jahr lang mit einer schwarzen Plane abdecken.

DURCH VORAUSSCHAUENDE PLANUNG NICHT MEHR JÄTEN MÜSSEN

Die Pflege eines angelegten Weges oder Parkplatzes kann sich ohne vorausschauende Planung zu einem echten Albtraum entwickeln.

Bei Kiesflächen, die schwer zu pflegen sind, sieht man am besten von vornherein eine wasserdurchlässige Geotextilie vor, die unter einer 5 cm dicken Kiesschicht verlegt wird und Wildpflanzen an der Ansiedlung hindert. Sollte sich dennoch etwas Gras halten, kann es problemlos entfernt werden. Der Kies lässt sich durch Platten oder Pflastersteine ersetzen.

Wege und Parkplätze können auch mit einer trittfesten Rasenmischung begrünt werden. Dies erleichtert die Pflege, die sich auf einen Grasschnitt beschränken wird. Für Parkplätze sehen Sie das Verlegen von Rasengitterplatten vor, um das Wurzelsystem des Rasens zu schützen und in der feuchten Jahreszeit ein Festfahren zu vermeiden. Auf der Terrasse reichen gelegentlich bereits kleine Vorkehrungen oder Arbeiten aus, um ein spontanes Graswachstum zu verhindern. Kehren Sie beispielsweise regelmäßig, gehen Sie mit einem Hochdruckreiniger darüber, oder erneuern Sie die Terrassenfugen, damit sich dort keine Erde ansammelt. Sie haben aber auch die Option, absichtlich Gräser oder kleine rustikale Blumen zwischen den Fugen zu pflanzen, wie Berufkräuter (Erigeron) 1, Polsterglockenblumen 2 und viele andere, die das Auge dauerhaft erfreuen.

1

2

1

ÖKOLOGISCHE METHODEN ZUR KONTROLLE SPONTANER BEGLEITVEGETATION

Kleine Werkzeuge und Muskelkraft

Das manuelle 1 oder mechanische Jäten ist und bleibt das A und O des chemiefreien Jätens und ist auch die ökologischste Variante. Einziger Haken dabei: Auf großen Flächen ist das sehr langwierig. Erleichtert wird die Sache, wenn man vorgebeugt hat, indem man den Boden der Beete oder des Gemüsegartens mit Stroh oder die Wege mit einer Geotextilie abgedeckt hat.

Eine einfache, doch effektive Maßnahme ist, zur rechten Zeit zu jäten, d.h., bevor die unerwünschten Pflanzen Samen bilden, um ihre Verbreitung zu verhindern. Nehmen wir als Beispiel das Behaarte Schaumkraut: Diese kleine Pflanze, die auf nackten Böden häufig zu finden ist, besitzt die Fähigkeit, ihre im Frühjahr reifen Samen weit auszustreuen. Jegliches Eingreifen zu diesem Zeitpunkt würde zu einer weiteren Verbreitung beitragen. Das Jäten ist zudem einfacher, wenn die Pflanzen noch jung und schwach verwurzelt sind und die Erde feucht ist.

Gartenhacke, Feldhacke und Jäthacke

Sie sind unverzichtbar, um den Gemüsegarten und Wege zu pflegen: Gartenhacken 2 und Jäthacken stechen die Wurzeln junger Pflanzen ab, während die Feldhacke 3 bereits weiter entwickelte Pflanzen entwurzelt. Einige Hacken kombinieren eine Gartenhacke zum Abstechen der Wurzeln auf einer Seite mit einem Rechen auf der anderen Seite, um die abgestochenen Pflanzen zusammenzurechen. Um effektiv arbeiten zu können, sollten Sie Ihre Werkzeuge regelmäßig schleifen.

Im Gemüsegarten: der Trick mit dem falschen Saatbett

Diese Methode besteht darin, den Boden des Gemüsegartens schon ein paar Wochen vorab wie für die Aussaat vorzubereiten. Daraufhin beginnen die im Boden vorhandenen Unkrautsamen, spontan zu keimen. Nach einigen Tagen werden sie durch Hacken vernichtet und entwurzelt, bevor dann die „echte" Aussaat vorgenommen wird. So haben die eigentlichen Pflanzen weniger Konkurrenz durch Unkräuter und mehr Platz zum Wachsen.

2

3

Messer und Unkrautstecher

Der Unkrautstecher 4 ist eine Art kleine, schmale Schaufel, ideal zum Beseitigen von Pflanzen mit tiefen Wurzeln wie dem Löwenzahn. Es gibt auch ein spezielles gebogenes Unkrautmesser zum Jäten in den Furchen zwischen Pflastersteinen.

Spaten oder Grabegabel

Spaten und Grabegabel sind unverzichtbar, um Pflanzen mit Rhizomen, wie Quecke oder Ackerwinde, aus dem Boden zu holen. Ziehen Sie möglichst viele Rhizome heraus, ohne sie zu beschädigen, und lassen Sie diese ausgebreitet auf dem Boden trocknen (sie dürfen nicht sofort in den Kompost, da sie sich erholen könnten). Die Doppelgrabegabel (Grelinette) 5, eine Art ergonomische Grabegabel, die den Boden auflockert, ohne ihn zu wenden, kann diese Aufgabe ebenfalls erfüllen.

Thermische Unkrautvernichter

Für Privatpersonen sind heute zahlreiche Modelle thermischer Unkrautvernichter verfügbar, die mit Gas oder elektrisch betrieben werden. Das Prinzip ist einfach: Die Pflanze wird mit einer Temperatur zwischen 70 °C und 90 °C eine oder zwei Sekunden lang erhitzt, ohne sie zu verbrennen (was zu viel Energie verbrauchen würde). Die Wirkung entsteht durch den thermischen Schock. Diese für großflächige Wege, Parkplätze oder Terrassen geeignete Methode wirkt bei einjährigen Pflanzen besser als bei perennierenden Pflanzen mit gut entwickelten Wurzeln, wie Gräsern oder Löwenzahn. Neben dem Gas- oder Stromverbrauch kann man kritisieren, dass der Boden erwärmt und so das Keimen der Samen herbeigeführt wird. Darf bei Trockenheit wegen der offensichtlichen Brandgefahr nicht angewendet werden.

Weniger schädliche Produkte zur Unkrautvernichtung

Ein Produkt, das dauerhaft Unkraut beseitigt, ohne die Umwelt zu belasten, gibt es nicht! Nachfolgend hingegen einige einfache Möglichkeiten, um Wege, Platten und Parkplätze ökologisch von Unkraut zu befreien.

Kochendes Wasser

Als eine einfache, doch wirksame, ökonomisch wie ökologisch sinnvolle Lösung ist kochendes Wasser, ein bei Gärtnern bekannter Kniff, um Sand- oder Kieswege und Fugen zwischen Platten von Unkraut zu befreien.

Anwendung: Sie haben die Wahl: Wasser aufkochen und mit einer Gießkanne mit einem Gießkopf aus verzinktem Stahl verteilen oder einfach das Kochwasser von Kartoffeln, Gemüse oder Nudeln verwenden. Diese letzte Option vereint die Vorteile in sich, energiesparend zu sein und etwas Salz zu enthalten, das zusätzlich unkrautbekämpfend wirkt. Es ist andererseits jedoch unnötig, eigens Salz zuzugeben, denn es ist für die Pflanzen und das Wassermilieu giftig, ohne die Wirksamkeit zu verbessern.

Kochendes Wasser wirkt besser gegen junge und einjährige Pflanzen. Mehrjährige Pflanzen, die tiefe Wurzeln und unterirdische Reserveorgane besitzen, lassen sich damit nicht so einfach unterdrücken: Hier muss für das Entfernen zusätzlich ein Unkrautstecher oder ein Unkrautmesser verwendet werden. Im Lauf des Jahres sind einige dieser Behandlungen einzuplanen. 10 l Wasser reichen für die Behandlung einer Fläche von 10–20 m^2.

Essigsäure

Essigsäure ist der Bestandteil „natürlicher" Unkrautvernichtungsmittel, die im Handel erhältlich und für die gärtnerische Nutzung (Beete und Rasenflächen) zugelassen, allerdings recht teuer sind. Ebenfalls enthalten ist dieser Bestandteil allerdings in unserem guten alten weißen Haushaltsessig (mit einem Essigsäuregehalt von 5 %). Wie einige Gärtner festgestellt haben, verbrennt dieser Essig die Blätter der meisten Pflanzen, verhindert es jedoch nicht, dass sich adulte Pflanzen mit tiefen Wurzeln, wie der Löwenzahn, wieder erholen.

Die Verwendung von Essigsäure verursacht Hautreizungen und verlangt daher ein Mindestmaß an Vorsichtsmaßnahmen (Tragen von Handschuhen, Spritzen nur bei Windstille).

Pelargonsäure

Pelargonsäure, ein Derivat aus Geranium oder der grünen Chemie (Rapsöl), ist der Wirkstoff bestimmter Unkrautvernichtungsmittel auf pflanzlicher Basis, die im Fachhandel erhältlich sind. Sie ist bei jungen Trieben wirksam, deren Blätter sie „verbrennt", verhindert jedoch nicht, dass sich gut entwickelte Pflanzen wieder erholen. Größter Nachteil: der hohe Preis!

In Beeten und im Gemüsegarten den Boden am besten mit Mulch abdecken

Beim Abdecken der Anbauflächen 6 (auch als Mulchen bezeichnet) wird ein meist organisches Material auf dem Boden ausgebracht. Mulch erfüllt vielerlei Aufgaben: Er begrenzt den Lichteinfall, der für das Keimen und die Entwicklung unerwünschter Pflanzen, vor allem der einjährigen nötig ist. Weniger wirksam ist er bei mehrjährigen Pflanzen mit gut entwickelten Wurzeln.

Zudem spart der Mulch Wasser, da die Verdunstung reduziert wird und so das für die Anpflanzungen wertvolle Wasser im Boden gehalten wird. Das Mulchen schützt den Boden und seine Bewohner zudem vor klimatischen Unbilden wie Starkregen, Hitze und Frost. Ein weiterer Vorteil: Im Winter finden hier zahlreiche Nützlinge Unterschlupf.

6

Bewährte Verfahrensweisen

Der Boden sollte vor dem Mulchen aufgelockert werden, um spontan wachsende Wildkräuter zu vernichten. Anschließend wird die Abdeckung gleichmäßig in einer ausreichend dicken Schicht ausgebracht (je nach Material unterschiedlich), um auch tatsächlich wirksam zu sein. Gemulcht werden sollte am besten nach einem Regen, wenn der Boden noch feucht ist, um die wertvolle Feuchtigkeit im Boden zu halten, und nicht zu früh im Jahr, damit sich der Boden aufwärmen kann. Ist eine Mulchschicht bereits vorhanden, ist es sinnvoll, sie vorübergehend abzudecken.

Wo kann gemulcht werden?

Im Gemüsegarten eignet sich das Mulchen bei allen Anpflanzungen, wie Tomaten, Kohl, Lauch, Kürbis, aber auch bei allen mehrjährigen Kulturpflanzen, wie Erdbeeren und Artischocken. Bei Aussaaten (beispielsweise Karotten) solte man warten, bis diese ausreichend hoch gewachsen und entwickelt sind, um zu verhindern, dass sie durch die Abdeckung verkümmern. Auch bei Kartoffeln kann nach dem Häufeln gemulcht werden.

Im Ziergarten ist Mulchen fast überall möglich: unter neu angepflanzten Hecken, unter Bäumen, Sträuchern und in Beeten; im Obstgarten unter jungen Obstbäumen und Sträuchern mit kleinen Früchten.

Welche Materialien eignen sich?

Das ideale Mulchmaterial ist für den Gasaustausch zwischen Luft und Boden durchlässig. Es sollte biologisch abbaubar sein, sodass es sich mit dem Boden verbindet und die Bodenfauna nährt, weswegen es je nach gewähltem Material früher oder später erneuert werden muss.

Unter ökologischen und ökonomischen Gesichtspunkten sollten lokale Materialien bevorzugt werden, die in Ihrem Garten oder in der Nähe vorkommen. Grünabfälle wie Rasenschnitt, trockenes Laub und gehäckselter Baumabschnitt bilden einen wertvollen Mulch, der nicht nur kostenlos ist, sondern Ihnen auch deren Transport zur Sammelstelle erspart.

- **Weizenstroh 7:** ein traditionelles Mulchmaterial, das dank seiner Hohlstängel einen gut durchlüfteten Mulch bildet. Das Stroh ist ganzjährig verfügbar, recht preiswerte, und man bekommt es, wenn man

7

auf dem Land lebt, problemlos bei den Landwirten. Kaufen Sie Ihr Weizenstroh möglichst in Bioqualität und in kleinen Ballen, die sich leichter handhaben lassen. Für eine gute Schutzwirkung eine 10 cm dicke Strohschicht vorsehen.

- **Trockenes Laub,** die erneuerbare Ressource schlechthin, ist wertvoll für den Erhalt der Fruchtbarkeit und die Strukturverbesserung des Bodens. Weiche Blätter zersetzen sich rasch, beispielsweise von Esche, Linde, Haselnuss und Feldahorn, und werden vorzugsweise im Gemüsegarten ausgebracht. Dicke Blätter wie die von Platane, Buche und Bergahorn zersetzen sich langsamer und eignen sich besser für Dauerbepflanzungen und Beete mit Blumen und Sträuchern.
- **Gehäckselter Baumabschnitt 8:** Mit dieser Methode können größere Abschnitte von Hecken recycelt werden. Die gehäckselten Äste enthalten viel Lignin und bilden einen ausgezeichneten, lange haltbaren, ästhetischen und wirksamen Mulch, der die Ansiedlung von Wildkräutern begrenzt. Hierfür ist es allerdings erforderlich, über einen Häcksler zu verfügen, wenn der Durchmesser der Äste größer als 1,5 cm ist. Die Investition ist sehr sinnvoll, falls Sie viele Bäume und Sträucher besitzen. Bei dünnen Ästen können Sie versuchen, sie mit dem Rasenmäher zu zerkleinern. Gehäckselt werden frische Äste, keine trockenen. Die Mulchschicht sollte mindestens 5 cm betragen.
- **Pappkarton:** Kostenloser Pappkarton – ungefärbt und von eventuellen Aufklebern befreit – ist ein wirksamer Mulch, um unerwünschten Pflanzen das Licht zu nehmen. Wollen Sie auf einer Wiese einen Gemüsegarten anlegen, verteilen Sie auf der künftigen Anbaufläche mehrere Monate lang eine dicke Lage Pappkarton. Falls Ihnen der Anblick nicht gefällt, decken Sie die Pappe beispielsweise mit trockenem Gras oder trockenem Laub ab.
- **Flachs- oder Hanfschäben:** Diese Flachs- oder Hanfabfälle ergeben einen zugleich ästhetischen und schützenden Mulch für den Boden. Flachs hat gelegentlich den Nachteil, Samen zu enthalten, die dann ihrerseits keimen. In Gartencentern werden die Schäben in Säcken zu 50 oder 70 Litern verkauft, man bekommt sie auch bei landwirtschaftlichen Kooperativen. Sie sind teurer als Stroh oder Gehäckseltes und daher eher für kleine Flächen geeignet (kleine Stadtgärten, Blumenkästen, Balkone). Die Schicht sollte eine Höhe von ca. 5 cm haben.
- **Kunststofffolien und -planen:** Schwarze Plastikplanen aus Polyethylen, die von Profis viel verwendet werden, halten das Licht wirksam ab. Ein weiterer Vorteil: Sie erwärmen den Boden, manchmal sogar zu sehr! Jedoch weisen sie auch mehrere Nachteile auf.

8

Sie fördern weder eine gute Belüftung des Bodens noch die Zufuhr von Komposterde. Da sie zudem biologisch nicht abbaubar sind, werden sie, nachdem sie ausgedient haben, nicht recycelt. Je nach gewünschter Lebensdauer gibt es sie in verschiedenen Stärken. Für die Anpflanzung von Hecken sehen Sie eine Stärke von 80 µm vor, für Erdbeerpflanzen von 50 µm. Fixiert werden die Folien oder Planen mit U-Haken (Bodenanker), für die mit einem Teppichmesser Öffnungen eingeschnitten werden.

Im Fachhandel sind heute biologisch abbaubare Kunststoffe auf der Basis von Getreidestärke erhältlich, die sich innerhalb von 3–6 Monaten zersetzen und für Anpflanzungen im Gemüsegarten verwendet werden können (Kürbis, Blattsalate, Auberginen, Tomaten).

Gewebe aus Polyethylen oder Polypropylen, die partiell durchlässig sind, haben den Vorteil, stabil zu sein und bei der Anpflanzung von Hecken eine Verunkrautung wirksam zu bekämpfen. Wie bei allen Folien oder Planen ist es nicht einfach, Kompost auszubringen. Da die Gewebe biologisch nicht abbaubar sind, müssen sie früher oder später entfernt werden.

- **Unkrautschutzmatten aus Pflanzenfasern:** Im Handel werden verschiedene Unkrautschutzmatten aus pflanzlichen Fasern angeboten: Hanf, Flachs, Jute. Diese biologisch abbaubaren Geotextilien begrenzen den Beiwuchs bei Hecken je nach Material für eine Zeitspanne von 2–4 Jahren.

9

10

11

Freien Boden mit Pflanzen auffüllen

Im Ziergarten: Bodendecker

Es gibt noch eine weitere Lösung, um den Boden zu füllen: Bodendecker pflanzen. Dies sind mehrjährige robuste Pflanzen mit stark abdeckenden Eigenschaften, die nur eine geringe Höhe erreichen. Sie werden in Beete oder unter Bäume gepflanzt, um leere Flächen aufzufüllen. Dafür eignen sich zahlreiche Sorten, deren Auswahl je nach Exposition und Bodentyp – sauer oder kalkhaltig, feucht oder trocken – erfolgt.

Blumen an den Mauerfuß säen

Mühen Sie sich nicht damit ab, den unteren Teil von Mauern frei von Bewuchs zu halten, sondern säen Sie dort Blumen an, die trockene und steinige Böden mögen! Hier einige Kandidaten: Kalifornischer Mohn 9, Jungfer im Grünen 12, Douglas-Sumpfblume oder „Spiegelei-Blume", Roter Lein (Prachtlein) 11, Vergissmeinnicht, Goldlack, Borretsch 10, Spornblume, Gewöhnlicher Natternkopf, Berufkräuter. Einige Anbieter haben spezifische Mischungen im Programm, die in Gartencentern oder online erhältlich sind.

Freie Räume im Gemüsegarten mit Gründünger füllen

Sobald im Gemüsegarten eine Parzelle frei wird, ohne dass im Anschluss ein Anbau vorgesehen ist, säen Sie dort einen Gründünger (siehe S. 59), der diesen Platz sinnvoll einnimmt und gleichzeitig weniger Raum für Spontanbewuchs lässt. Säen Sie nach Kartoffeln beispielsweise vor Ende August Buchweizen oder vor Mitte September Bienenfreund oder Ackersenf.

Ergänzende Kulturpflanzen

Eine weitere Methode, um freien Platz zu besetzen: Kombinieren Sie im Gemüsegarten Pflanzen, die sich ergänzen, beispielsweise Pflanzen geringer Höhe unter hohen Pflanzen. Als niedrige Anbaupflanze mit einem kurzen Zyklus ist Grüner Salat ein idealer Kandidat! Er wird beispielsweise zwischen Kohl 13 oder zwischen Artischocken gepflanzt. Man kann sich unter Anbaupflanzen, die in die Höhe wachsen, wie Mais oder Kletterbohnen, auch für kriechende Anbaupflanzen, wie Kürbisse, entscheiden.

12

13

Steckbriefe einiger Bodendecker:

Sonniger Standort:

- **Reiherschnabel** *(Erodium spp.)* 14: Die Pflanzengattung der Reiherschnäbel, verwandt mit den Geranien, findet sich mit allen gut entwässerten Böden zurecht, auch mit steinigen, trockenen, kalkhaltigen und normalen Böden. Die Pflanzen sind widerstandsfähig und pflegeleicht, fürchten jedoch zu viel Feuchtigkeit. Ihre kleinen Blüten sind rosa (Sorte 'Bishop's form') oder weiß (Sorte 'Stephanie').
- **Kaukasische Gänsekresse oder Schneehaube** *(Arabis caucasica)*: Die aus Europa stammende Gänsekresse gehört zu den Klassikern der Steingartenpflanzen. Sie wird 10–20 cm hoch, und sobald sie sich fest verwurzelt hat, kommt sie mit Trockenheit gut zurecht. Mit ihren üppigen Blüten in Weiß oder Rosa, je nach Sorte, eignet sie sich bestens als Zierpflanze für Böschungen, Steingärten oder Mäuerchen.

14

15

- **Sand-Thymian** *(Thymus serpyllum)* 15: Dieser kleine Lippenblütler, der wild wachsend im Heideland und in trockenem und sonnigem Umfeld zu finden ist, bildet kleine, 10–15 cm hohe Kissen. Die Blütenfarbe liegt je nach Sorte zwischen Blasslila und Weiß. Mit seinem Duft betört er Schmetterlinge und weitere Nektar und Pollen sammelnde Insekten. Die 3 cm hohe Sorte 'Elfin' eignet sich perfekt, um an einem sonnigen Standort zwischen Platten zu wachsen.
- **Mauerpfeffer oder Fetthenne** *(Sedum spp.)*: Diese Familie der Dickblattgewächse, die es in zahlreichen Formen und Sorten gibt, begnügt sich mit kargen und trockenen Böden, sodass sie wild auch auf Felsen und altem Gemäuer wächst. Unter den häufigsten Arten sind der Scharfe Mauerpfeffer mit gelben Blütensternen (5 cm) und die Weiße Fetthenne (5–10 cm) mit weißen Blüten zu nennen.
- **Sonnenröschen** *(Helianthemum spp.)*: Diese robusten Pflanzen mit immergrünen Blättern lieben trockene, steinige oder sandige, eher kalkhaltige Böden. Die recht kurzlebigen Blüten erblühen von Mai bis August und zeigen sich in zahlreichen Farben: Weiß, Rot, Rosa, Gelb, Orange.

17

Im Schatten oder Halbschatten:

- **Storchschnabel** *(Geranium spp.)*: Die robusten und hübschen Storchschnäbel sind unter den Bodendeckern an sonnigen oder halbschattigen Standorten sehr zahlreich vertreten. Ihre an ca. 30 cm hohen Stängeln stehenden Blüten sind je nach Sorte und Art rosa, weiß oder blau. Der Graue Storchschnabel *(Geranium cinereum)* ist im Hinblick auf Wasser besonders genügsam.
- **Großes und Kleines Immergrün** *(Vinca minor und Vinca major)*: Ob klein oder groß – das Immergrün, eine Ausläufer (Stolonen) bildende Pflanze mit blauen oder violetten Blüten, ist ein Klassiker unter den Bodendeckern, an schattigen Standorten unersetzlich und wenig anspruchsvoll in Bezug auf den Boden. Das Kleine Immergrün mit einer Höhe von ca. 10 cm kann zusammen mit Efeu oder höheren Schattenpflanzen wie dem Akanthus gepflanzt werden.
- **Spitzlappiger Frauenmantel** *(Alchemilla vulgaris)* 16: Man erkennt den Frauenmantel – dessen wissenschaftlicher Name an die Alchemisten denken lässt – an den Tautropfen, die sich auf seinen gerundeten, eingekerbten Blättern und seinen grünlichgelben Blüten halten. Der ca. 30 cm hohe Frauenmantel liebt reiche und frische Böden in der Sonne oder im Halbschatten.

16

- **Kriechender Günsel** *(Ajuga reptans)* 17: Diese aus Europa stammende Pflanze mit einer Höhe von 10–30 cm erkennt man im Juni/Juli an ihren aufrechten blauen Blütenähren. Die verschiedenen Sorten weisen unterschiedlich farbige Blätter auf, von violett bei der Sorte 'Atropurpurea', bis graugrün bei der Sorte 'Variegata'. Sie wird auf frische Böden gepflanzt.
- **Gefleckte Taubnessel** *(Lamium maculatum)*: Die robuste Gefleckte Taubnessel bildet auf frischem Boden rasch kompakte und dichte Teppiche. Sie zeichnet sich durch ihre sehr dekorativen zweifarbigen, doppelt gezähnten Laubblätter aus sowie eine üppige Blüte am Ende des Frühjahrs in Rosa, Weiß oder Purpurrot, je nach Sorte:
  - 'Aureum': Laubblätter goldfarben, Blüten rosa bis malvenfarbig;
  - 'White Nancy': Laubblätter silbrig gestreift, üppige Blüten in reinem Weiß;
  - 'Roseum': grüne Laubblätter und kurze Blütenähren in Purpurrosa.
- **Bubikopf** *(Soleirolia soleirolii)*: eine kleine Pflanze mit runden Laubblättern, die wie ein Moosteppich über den Boden kriecht. Mit einer Höhe von 5 cm kann der Bubikopf in mildem Klima unter Bäumen oder zwischen Pflastersteinen wachsen, wo er überaus dekorativ wirkt. Ursprünglich stammt er von den Mittelmeerinseln und braucht einen reichhaltigen, frischen Boden. Er fürchtet starken Frost.

DEN BODEN OHNE CHEMISCHE DÜNGER ANREICHERN

Wie kann der Boden ohne chemische Düngemittel angereichert werden, die heute zur Verschmutzung von Flüssen und anderen Wassermilieus beitragen? Dem Gärtner bieten sich mehrere ökologische und **häufig auch wirtschaftlich lohnende** Möglichkeiten: **Kompost, natürliche Dünger, Gründünger** … Ein Streifzug durch die natürlichen Alternativen.

WOZU DÜNGER?

Dem Beispiel der Vorgänge in der Natur folgend, führt der Gärtner seinem Garten organisches Material in Form von Kompost, Mist, organischem Dünger, Gründünger und Mulch zu. Wenn sich dieses Material zersetzt, nährt es die Pflanzen auf dem Umweg über die Bodenfauna. Darin besteht der Unterschied zu chemischen Düngemitteln, die den Pflanzen direkt lösliche Substanzen zuführen wie Stickstoff (N), Phosphor (P) und Kalium (K).

Eine ganze Armee von Organismen „verdaut" also die organischen Abfälle zu kleineren Elementen und anschließend zu Nährstoffen, die von den Pflanzen aufgenommen werden können. So zersetzen Regenwürmer, Nacktschnecken 1 und verschiedene Insekten die gröberen Stücke. Bakterien und mikroskopisch kleine Pilze 2 vollenden die „Verdauung" und geben Stickstoff, Phosphor, Kalium, Magnesium und weitere Spurenelemente in den Boden ab, die für das Leben der Pflanzen und die Bildung von Humus benötigt werden.

Dank des Humus, einem Schlüsselfaktor der Bodenfruchtbarkeit, kann der Boden Wasser und Nährstoffe besser speichern und diese den Pflanzen je nach Bedarf zur Verfügung stellen.

Wertvolle Regenwürmer

Regenwürmer, der Dreh- und Angelpunkt der Bodengesundheit, nähren sich von organischen Abfällen, die auf der Oberfläche des Bodens vorkommen. Nach deren Zerkleinerung bilden sie Kotbällchen, eine Mischung aus Mineralstoffen und organischen Stoffen, die viele düngende Elemente enthalten. Die Regenwürmer sorgen durch die Gänge, die sie graben, für das Eindringen von Wasser in den Boden sowie für eine gute Bodenbelüftung – beides ist unverzichtbar für die Bodenfunktionen.

1

2

DIE DÜNGELÖSUNG FÜR DEN BIOGARTEN: KOMPOST

Durch Kompostieren wird ein organischer und düngender Bodenverbesserer aus unseren pflanzlichen und/oder tierischen Abfällen erzeugt. Es ist eine intelligente Lösung, organische Abfälle zu recyceln, so wie es auch in unseren Wäldern geschieht. Der Gärtner stellt so anhand seiner Abfälle einen natürlichen und kostenlosen Dünger her, der zur Fruchtbarkeit des Bodens und zur Humusbildung beiträgt.

Wie wird es gemacht?

Verwenden Sie einen, oder noch besser zwei Kompostsilos: Einer wird befüllt, während der andere reift. Zur Auswahl stehen Silos aus Holz 1 oder Kunststoff, fertig gekauft oder aus Recyclingbrettern selbst gebaut. Eine noch einfachere Lösung: Beschaffen Sie sich vier Holzpaletten gleicher Größe und verbinden Sie diese an den Seiten mit Eisendraht – fertig ist der Kompostsilo! Denken Sie daran, dass Ihr Silo einfach zu öffnen sein muss, um den Kompost mischen zu können, aber auch, um ihn zu entnehmen. Eine Abdeckung verhindert im Sommer das Austrocknen des Kompostes und im Winter ein Übermaß an Feuchtigkeit im Silo. Wählen Sie für den Kompost einen Standort, der im Sommer schattig ist, unter einem Baum oder auf der Nordseite einer Hecke aus laubabwerfenden Sträuchern (die also im Winter die Sonne durchlassen).
Am besten ist es, in der Küche einen kleinen Eimer mit Deckel stehen zu haben, in dem die Küchenabfälle gesammelt und regelmäßig zum Kompost gebracht werden.

Was eignet sich zum Kompostieren?

Die meisten organischen Stoffe (von Lebewesen produziert) können kompostiert werden (siehe Tabelle rechts), also Obst- und Gemüseschalen, trockenes Laub, gehäckselte Zweige, Rasenschnitt (in kleinen Mengen), Essensreste.

ZUM KOMPOSTIEREN GEEIGNET	NICHT ZUM KOMPOSTIEREN GEEIGNET
• Obst- und Gemüseschalen, auch von Zitrusfrüchten • Eierschalen • Kaffeefilter, Kaffeesatz und Teebeutel ohne Metallklammer • Holzasche in kleinen Mengen • trockenes Laub • Algen • Küchenpapier, ungefärbte Papierservietten, Pappe und Zeitungen, die schwarz bedruckt sind • gehäckselte Zweige • Rasenschnitt (kleine Menge, nicht zusammengepresst) • Sägemehl • „Unkraut", das noch keine Samen gebildet hat • Fischgräten, kleine Knochen, Fleischreste • Kleintierstreu (nur von gesunden Tieren)	• ungehäckselte Zweige • „Unkraut", das bereits Samen gebildet hat • farbig bedruckte Papiere, Pappen oder Zeitungen • Pflanzen, die von bestimmten Krankheiten befallen sind (wie Kohlhernie) • Kohleasche

Sorgen Sie für ein möglichst ausgeglichenes Verhältnis im Komposter:

- **2/3 feuchte und stickstoffreiche „grüne" Stoffe** wie Obst- und Gemüseschalen oder Rasenschnitt und
- **1/3 Trockensubstanzen**, häufig braun oder gelb, die mehr Kohlenstoff enthalten, wie Reisig, trockenes Laub, trockene Stängel verblühter Blumen, Stroh, gehäckselte Zweige, Papier etc.

Entgegen vieler überkommener Vorstellungen können die Schalen von Zitrusfrüchten sehr wohl kompostiert werden. Es gibt keinen Grund, sie auszuschließen, denn sie zersetzen sich perfekt und machen häufig ohnehin nur einen geringen Anteil aus. Die Zersetzung nicht biologisch erzeugter Zitrusfrüchte, die nach der Ernte behandelt wurden, kann leicht verzögert sein.

In kleinen Mengen können auch Fleischabfälle (kleine Knochen, Haut) und Fischabfälle (Gräten) kompostiert werden. Die einzige Vorsichtsmaßnahme, um keine Ratten, Hunde oder Füchse anzuziehen oder schlechte Gerüche entstehen zu lassen, besteht darin, für diese Abfälle ein Loch im Kompost zu machen und sie mit noch nicht zersetzten anderen Abfällen abzudecken.

Am besten ist es, bei jeder neuen Einbringung den Kompost mit einer kleinen Forke oder Schaufel durchzumischen, um eine gute Zersetzung und ein verwertbares Gemisch aus den zugefügten Stoffen (trocken/feucht, stickstoffreich/kohlenstoffreich …) zu erzielen.

Wie lange dauert es, bis der Kompost fertig ist?

Nach sechs bis zwölf Monaten ist der Kompost gebrauchsfertig: Er ist schwarz, erinnert an Waldhumus und ist frei von unangenehmen Gerüchen. Mit der Nutzung sollte dann nicht mehr zu lange gewartet werden, sonst könnte seine Qualität abnehmen. Die Nährstoffe könnten durch Regen ausgespült werden, organische Substanzen oxidieren und der Stickstoff sich verflüchtigen.

Wie wird Kompost verwendet?

Im Gemüsegarten wird der Kompost in einer Menge von 1–3 kg/m² pro Jahr ausgebracht (3), vorzugsweise im Herbst oder zu Frühjahrsbeginn, dabei wird er mit einer Gartenkralle oder Harke auf freien Parzellen oder zwischen dem Gemüse verteilt. Die Einarbeitung in den Boden übernehmen die Regenwürmer. Am besten wird der Bereich anschließend mit Mulch abgedeckt, um das Leben im Boden zu fördern.

Der Wurmkomposter (2)

Die Kompostierung durch Regenwürmer ist eine Lösung für Menschen, die keinen Garten zur Verfügung haben, ihre organischen Abfälle aber dennoch recyceln wollen. Es gibt diese Wurmkomposter zu kaufen, sie bestehen aus zwei bis vier stapelbaren Behältern, deren Boden nicht hermetisch schließt, und einem Behälter, der die Perkolationsflüssigkeit sammelt.

Dank der Tätigkeit der Kompostwürmer und von Mikroorganismen entsteht so nicht nur ein Kompost, der für Topfpflanzen verwendet werden kann, sondern auch eine Düngeflüssigkeit, mit der nach Verdünnung die Erde um die Pflanzen gegossen werden kann. Um den Wurmkomposter muss man sich allerdings regelmäßig kümmern, und er muss vor Frost sowie vor starker Hitze geschützt werden.

Bei einigen Gemüsesorten, wie beispielsweise Knoblauch, Zwiebel, Schalotte, ist es nicht nötig, vor der Aussaat Kompost auszubringen (siehe „Fruchtwechsel“, S. 65). Zu viel Düngung könnte sogar schädlich für ihre Haltbarkeit sein.

Im Obstgarten bringen Sie, vorzugsweise im Herbst, 2–3 kg Kompost pro m^2 unter der Baumkrone aus und decken diesen anschließend möglichst mit Mulch ab.

Im Ziergarten ist der Bedarf an Kompost gering, da Blumen im Allgemeinen recht anspruchslos sind. Es erweist sich oft als ausreichend, alle zwei bis drei Jahre eine kleine Menge Kompost (1 kg/m^2) unter den mehrjährigen Pflanzen auszubringen, entweder im Winter oder zu Frühlingsbeginn. Da einjährige Pflanzen hingegen etwas anspruchsvoller sind, ist bei ihnen der Zusatz von reifem Kompost vor dem Pflanzen willkommen (1–2 kg/m^2).

3

STALLMIST, EIN WERTVOLLER ORGANISCHER BODENVERBESSERER

Stallmist, der aus den Exkrementen von Tieren und Stroh besteht, ist ein düngender Bodenverbesserer, der viele Mikroorganismen enthält. Seine Zusammensetzung und damit seine Eigenschaften unterscheiden sich leicht, je nachdem, von welchem Tier er stammt. Wenn Sie auf dem Land leben, sollten Sie Kontakt zu Landwirten, Pferdebesitzern und benachbarten Reitzentren aufnehmen, die häufig nach einer Abgabemöglichkeit suchen. In Gartencentern findet man auch bereits kompostierten und getrockneten Pferdemist. Auch wenn er teurer ist, kann sich diese Lösung für kleine Stadtgärten als nützlich erweisen.

Pferdemist wird besonders geschätzt und eignet sich gut für schwere Böden, da er tendenziell wärmt. Die Anwendung ist einfach, und er vermengt sich gut mit dem Boden. Kuhmist wärmt nicht und eignet sich gut für leichte Böden. Ausgezeichnet ist er für Rosenstöcke nach dem Düngen mit Kompost geeignet. Geflügelmist enthält besonders viel Stickstoff und ist eher als Dünger zu betrachten oder wird in den Kompost eingearbeitet (zu einem Anteil von maximal 20 %).

Wie wird er angewendet?

Frischer Mist muss zuerst sechs Monate in einem geschlossenen Behälter oder zwölf Monate auf einem offenen Haufen kompostiert werden. Wird er frisch ausgebracht, besteht die Gefahr, dass die Nährstoffe, die er enthält, durch Regen ausgewaschen werden und die Umwelt belasten.

Kompostieren Sie Stallmist alleine oder gemischt mit anderen organischen Abfällen, wie trockenem Laub oder gehäckselten Ästen, insbesondere, wenn er wenig Stroh enthält und sehr kompakt ist. Nach ein paar Monaten wird er wie Kompost verwendet. Bringen Sie ihn im Herbst oder Frühjahr aus, mindestens drei Wochen vor den Anpflanzungen (zwischen 4 und 8 kg/m^2 für Kulturpflanzen, die viele Nährstoffe brauchen).

AUSWAHL ORGANISCHER DÜNGEMITTEL

Wenn Sie die Kompostzufuhr noch ergänzen möchten, wählen Sie organische Dünger, die „geeignet für den Einsatz in der biologischen Landwirtschaft" sind, und verbannen Sie Mischungen mit chemischen Düngern (die Natriumnitrat, Ammoniumsulfat etc. enthalten). Bestimmte schnell wirkende organische Dünger setzen ihre Wirkstoffe sofort frei und werden nur während der Vegetationszeit zugesetzt. Andere, sogenannte „langsam wirkende" Dünger, wirken erst nach einigen Monaten und werden in der Wintersaison eingearbeitet.

Die Aufgaben der verschiedenen Düngesubstanzen

Im Garten wie in der Natur wirkt sich Stickstoff (N) auf das Wachstum der Pflanzen, die Entwicklung ihrer Stängel und Blätter aus. Phosphor (P) fördert die Blüte und die Samenbildung, während Kalium (K) die Entwicklung der Früchte und den Energiespeicher (Wurzel, Knolle und Zwiebel), aber auch die Färbung von Früchten und Blüten fördert. Magnesium, ein Bestandteil des Chlorophylls, beeinflusst die Färbung der Laubblätter.

Weitere Elemente wie Schwefel, Calcium, Zink und Eisen, die aus dem Boden oder aus der Atmosphäre zugeführt werden, sind – in kleinen Dosen – für die Gewächse ebenfalls unverzichtbar.

Fischguano

Dieser rasch wirkende organische Dünger aus Fischabfällen gehört zu den umfassendsten (enthält Stickstoff, Phosphor, Kalium und Magnesium) und preiswertesten Düngern. Vorsicht: In Gartencentern bekommt man ihn gelegentlich angereichert mit chemischen Stoffen (Stickstoff oder Phosphor). Er wird während der Vegetationsphase, also von April bis August, eingearbeitet (Dosierung: 2–3 kg/10 m²).

Blutmehl

Dieses Abfallprodukt aus Schlachthöfen, das vor allem viel Stickstoff enthält, ist ein schnell wirkender Dünger, der während der Vegetationsphase, also von April bis August, zu verwenden ist (Dosierung: 500 g/10 m²).

1

Hornspäne 1

Hornspäne, die viel Stickstoff und Schwefel enthalten, unterstützen Bäume und Sträucher. Sie werden zwischen Oktober und März bei der Pflanzung in den Boden eingearbeitet und wirken nach und nach über mehrere Monate hinweg (Dosierung: 500–1000 g/10 m²).

Vermeiden Sie eine für die Gesundheit, den Garten und die Umwelt schädliche Überdüngung!

Ein Übermaß an stickstoffhaltigen Düngern begünstigt Krankheiten, schadet der Haltbarkeit des Gemüses und fördert die Vermehrung von Blattläusen. Halten Sie sich daher an die angegebenen Dosierungen. Werden Dünger im Übermaß oder zur falschen Zeit ausgebracht, können sie ausgewaschen werden und zur Verschmutzung von Flüssen und Grundwasser beitragen. Zudem reichern sie im Gemüse Nitrate an, die im Interesse der menschlichen Gesundheit unerwünscht sind.

Geflügelmist

Besitzer eines Hühnerstalls verfügen über einen kostenlosen, langsam wirkenden Dünger, der viel Stickstoff und Phosphor enthält. Für die Anwendung von Geflügelmist im Garten gibt es mehrere Möglichkeiten: Sie können ihn trocknen lassen, bevor Sie ihn während der Vegetationsphase in den Boden einarbeiten, wobei eine Menge von 600 g/m² nicht überschritten werden sollte. Oder Sie kompostieren den Mist zusammen mit Küchen- und Grünabfällen aus dem Garten (50 % Mist, 50 % sonstige organische Abfälle), bevor Sie ihn im Herbst oder zu Beginn des Frühjahrs in den Boden einarbeiten.

Presskuchen aus Rizinusschrot

Dieser im Fachhandel erhältliche organische Langzeitdünger ist ein Nebenprodukt der Extraktion von Rizinusöl. Er ermöglicht eine ausgewogene Zufuhr von Stickstoff, Kalium und Phosphor. Achtung: Rizinusschrot enthält Rizin, das beim Verzehr für Mensch und Tier giftig sein kann. Daher ist das Mittel in der Schweiz seit 2013 verboten. Wenn Sie Rizinusschrot verwenden möchten, stellen Sie sicher, dass Kleinkinder und Tiere keinen Zugang zum behandelten

Bereich haben, und vergraben Sie den Dünger im Boden (Dosierung: 0,5–2 kg/10 m²).

Sonstiges

Holzasche

Wer einen Holzofen oder einen offenen Kamin besitzt, hat auch sie im Überfluss: Holzasche, die viel Calcium, aber auch Kalium und Phosphor enthält, kann im Garten verwendet werden, solange man es nicht übertreibt. Auf kalkhaltigen Böden sollte man darauf verzichten, da diese ausreichend Calcium enthalten. Wie wird die Asche verwendet? Einige Handvoll über dem Kompost, unter Obstbäumen oder im Gemüsegarten verteilen. Die Asche muss in den Boden eingearbeitet werden, sie darf nicht auf der Oberfläche liegen bleiben, sonst könnte sie unter Einwirkung von Regen die Bodenstruktur verfestigen.

Ton

Als Bentonit (sackweise im Fachhandel erhältlich) oder Tonerde kann die Beigabe von Ton sandige Böden verbessern. Durch Bindung an organische Stoffe (zugesetzt in Form von Kompost oder Mist), trägt Ton zur Bildung eines Ton-Humus-Komplexes bei, der für die Pflanzen eine Nährstoffreserve darstellt. Zudem wird die Wasserbindung im Boden begünstigt, ein wichtiger Faktor für das Wassersparen im Garten.

1

GRÜNDÜNGER

Der Einsatz von Gründünger ist eine Schlüsselmethode des biologischen Gärtnerns. Sie besteht darin, zumeist im Frühjahr oder am Ende des Sommers, nach der Ernte eine Pflanze zu säen, die vielfältige Aufgaben übernimmt: Sie reichert den Boden an, belüftet ihn, schützt ihn vor klimatischen Unbilden, verhindert sein Auswaschen durch Starkregen, hält das Unkrautjäten in Grenzen, säubert den Boden von bestimmten Schädlingen oder „Unkräutern", lockt Nützlinge an – und das alles ohne Aufwand!

Bleibt der Boden auf freien Flächen offen, besteht die Gefahr, dass sich Wildkräuter den gesamten Platz aneignen. Dank ihres schnellen Wachstums bedecken Gründünger den Boden rasch, einige besitzen sogar reinigende Eigenschaften. Dies gilt etwa für Ackersenf oder Buchweizen, denn sie geben Substanzen ab, die das Wachstum anderer Pflanzen hemmen.

Zudem bringen Gründünger frische organische Stoffe mit, die in der Folge die gesamte Nahrungskette der Bodenzersetzer versorgen (Würmer, Bakterien, Pilze) und dadurch die Fruchtbarkeit des Bodens erhöhen. Zu diesen Gründüngern zählen viele Hülsenfrüchtler (botanisch *Fabaceae*). In dieser Familie findet man die Wicke, die Luzerne, den Klee (Weißklee, Inkarnat-Klee 1) oder die Esparsette. Diese Pflanzen beherbergen in ihren Wurzeln Bakterien (Rhizobien), die Stickstoff aus der Luft binden und an den Boden abgeben. Außerdem neigt ein unbepflanzt bleibender Boden zu Erosion und Absenkung, was seiner Struktur schadet. Dank der als Gründünger gesäten Vegetation dringt Regenwasser sanft in den Boden ein, anstatt diesen vor Wasser triefen zu lassen oder fortzuspülen. Hervorzuheben ist nicht zuletzt die Rolle, welche Gründünger wie Roggen und Bienenfreund *(Phacelia)* mit ihrem gut entwickelten Wurzelsystem bei der Lockerung und Belüftung des Bodens spielen. Reißt man sie aus, hinterlassen sie einen lockeren Boden.

Welche Pflanzen verwenden?

Alle Gründünger haben eine Gemeinsamkeit: das rasche Wachstum und eine bedeutende Produktion von organischer Substanz. Jeder Gründünger hat seine Besonderheiten und seine Vorteile, einige eignen sich für kalkhaltige Böden (Esparsette), andere eher für saure Böden (Inkarnat-Klee, Buchweizen).

Bestimmte ausdauernde (perennierende) Gründünger müssen gemäht und mit dem Spaten umgegraben werden, wie der Klee, der Roggen und die Luzerne. Andere werden ganz natürlich durch den Frost im Winter vernichtet und zersetzen sich anschließend auf dem Boden, ohne dass man eingreifen müsste. Die vier nachfolgend beschriebenen Gründünger zählen zu denen, die am einfachsten Erfolg bringen.

2

3

4

5

Bienenfreund *(Phacelia)* 2

Der Bienenfreund ist eine hübsche blaue Blume, die besonders bei Nützlingen wie Bienen und Hummeln, aber auch bei Marienkäfern und Schwebfliegen beliebt ist. Abgesehen davon, dass sie eine der wirksamsten Bienenpflanzen ist, verbessert sie dank ihrer Haarwurzeln die Bodenstruktur und nimmt auch ein Zuviel an Stickstoff auf: Somit ist sie eine „Nitratfalle". Ausgesät wird sie von März bis Ende August, sie ist hitzeempfindlich und wird durch Frost (–5 °C) vernichtet. Lässt man sie Früchte tragen, samt sie sich leicht wieder aus.

Saatwicke 3

Diese *Fabacea* mit rosa bis blasslila Blüten nährt den Boden, indem sie ihn über ihre Wurzeln mit Stickstoff versorgt. Durch ihren dicht abdeckenden Wuchs werden außerdem „Unkräuter" unterdrückt. Sie vereint also zwei interessante Eigenschaften, wenn man einen Gemüsegarten anlegt. Die Saatwicke zieht auch Marienkäfer und weitere Nützlinge an. Sie lässt sich hübsch kombinieren, beispielsweise mit dem Bienenfreund.

Angesät wird sie im Frühjahr (März–Mai) oder Ende des Sommers (August–September), vorzugsweise auf frischen und humusreichen Böden, denn sie mag keine leichten und trockenen Böden. Achtung: Im Gegensatz zur Frühjahrswicke ist die Winterwicke frostbeständig: Sie muss also gemäht und untergegraben werden.

Ackersenf 4

Der Ackersenf ist in mehr als einer Hinsicht interessant. Zuerst einmal sind seine goldgelben Blüten bei Gartennützlingen beliebt, insbesondere bei den Schwebfliegen, deren Larven wichtige Blattlausjäger sind. Der Anbau wirkt bodenreinigend, denn der Ackersenf eliminiert „Unkräuter" und ist bei Nacktschnecken unbeliebt. Er ist eine „Nitratfalle", zudem entzieht er dem Bodengestein Phosphor und Kalium und macht sie für den folgenden Anbau nutzbar. Ackersenf gehört zur Familie der Kohlpflanzen *(Brassicaceae)*, und seine jungen Triebe können wie Kresse gegessen werden! Er wird auf jeglicher Bodenart, selbst auf kalkhaltigem Boden, von März bis September angebaut.

Buchweizen 5

Buchweizen (die weiß blühende Pflanze im Bild) hat trotz des Namens mit Weizen nichts zu tun – er gehört wie der Rhabarber zur botanischen Familie der Knöterichgewächse *(Polygonaceae)*. Als bodenreinigende anspruchslose Pflanze, die für karge Böden geeignet ist, ist der Buchweizen ideal für einen Garten, der von „Unkräutern" überwuchert wird. Zudem lockt seine weiße und viel Nektar absondernde Blüte zahlreiche Nützlinge an, zum Beispiel Schwebfliegen und Schmetterlinge. Unbeliebt ist er hingegen bei Engerlingen (den Larven der Maikäfer): Das ist gut zu wissen, falls Sie Probleme mit diesen haben. Gesät wird von März bis August.

Praktisches Vorgehen

Mit einer Gartenkralle den Boden auflockern und grob einebnen. Die richtige Samenmenge anhand der Anbaufläche berechnen (ist auf der Packung angegeben). Die Samen mit Humuserde oder trockenem Sand mischen, um die Aussaat zu erleichtern. Den Boden leicht einritzen und anschließend mit dem Rücken einer Harke festklopfen. Bei feuchter Witterung oder wenn sich Regen ankündigt, ist kein Gießen erforderlich.

Und danach? Wenn der Frost den Gründünger vernichtet hat, reicht es aus, ihn mit einer Gartenkralle oder Harke grob zusammenzuharken und die trockenen Stängel auf den Kompost zu bringen oder als Mulch zu behalten. Ist der Gründünger nicht eingegangen, muss er mit der Heckenschere oder dem Rasenmäher geschnitten werden, das abgeschnittene Material lässt man zwei bis drei Wochen auf dem Boden liegen, bevor man es mit Spaten oder Grabegabel oberflächlich in den Boden eingräbt. Die abgeschnittenen Stängel können auch als Mulch wiederverwendet werden.

Anschließend pflanzt man auf der Fläche etwas an, was viele Nährstoffe braucht (Tomaten, Kürbis, Auberginen, Kohl, Lauch etc.).

FRUCHTWECHSEL

Der Fruchtwechsel, auch Rotationsanbau, der vor allem im Gemüsegarten zur Anwendung kommt, bedeutet, auf einer Parzelle nicht jedes Jahr die gleiche Pflanze (oder eine Pflanze aus derselben botanischen Familie) anzubauen, sondern nach Möglichkeit erst wieder nach mehreren (im Idealfall nach vier) Jahren. Man pflanzt also Zwiebeln nicht nach Knoblauch oder Schalotten an und Tomaten nicht nach Kartoffeln oder Auberginen.

Was bringt der Fruchtwechsel?

Durch den Fruchtwechsel wird die Ausbreitung von Krankheiten oder Schädlingen, die in Zusammenhang mit bestimmten kultivierten Pflanzen auftreten, begrenzt und eine Bodenmüdigkeit verhindert. Außerdem lässt sich dadurch die Zufuhr von Bodenverbesserern und Düngern besser steuern, indem zuerst Pflanzen angebaut werden, die hinsichtlich Düngung anspruchsvoll sind, gefolgt von genügsameren Kulturpflanzen.

So baut der Biogärtner nach dem Ausbringen einer ordentlichen Portion Kompost anspruchsvolle Pflanzen an, wie Kartoffeln, Tomaten, Lauch oder Kohl. In den folgenden beiden Jahren baut er, nach dem eventuellen Ausbringen einer kleinen Menge Kompost, an dieser Stelle Pflanzen an, die etwas genügsamer sind (siehe Tabelle). Im vierten Jahr folgen Pflanzen, die gegenüber angereicherten Böden empfindlich sind. Im Anschluss kann der Kreislauf von vorne beginnen.

	KOMPOSTZUFUHR	PFLANZEN-/GEMÜSEART
1. Parzelle	viel (> 30 kg/10 m²)	Kartoffel, Aubergine, Lauch, Kürbis, Gurke, Kohl, Mais, Tomate, Paprika, Sellerie
2. und 3. Parzelle	mäßig (< 30 kg/10 m²)	Karotte, Rübe, Bohne, Erbse, Pastinake, Kopfsalat, Mangold
4. Parzelle	keine	Knoblauch, Zwiebel, Schalotte, Feldsalat, Portulak, Radieschen, Weiße Rübe

Die wichtigsten botanischen Familien im Gemüsegarten

BOTANISCHE FAMILIE	PFLANZEN-/GEMÜSEART
Korbblütler	Artischocke, Kopfsalat, Topinambur, Endivie
Nachtschattengewächse	Tomate, Kartoffel, Paprika, Chili, Aubergine
Doldenblütler	Karotte, Pastinake, Fenchel
Zwiebelgewächse	Knoblauch, Zwiebel, Schalotte, Lauch
Hülsenfrüchtler	Bohne, Erbse, Saubohne
Kreuzblütler	Kohl, Weiße Rübe, Radieschen, Brunnenkresse, Rucola, Ackersenf
Kürbisgewächse	Gurke, Zucchini, Kürbis, Gewürzgurke, Melone
Fuchsschwanzgewächse	Spinat, Mangold, Rübe

Praktisches Vorgehen

Führen Sie ein kleines Notizbuch, in dem Sie den Standort der jeweiligen Kulturpflanzen von Jahr zu Jahr notieren. Teilen Sie Ihren Gemüsegarten in vier Parzellen ein: Die erste ist für anspruchsvolle Kulturpflanzen bestimmt, die viel Kompost benötigen (>30 kg/10 m², das entspricht etwa einer Schubkarre), die zweite und dritte werden mäßig mit Kompost versorgt (<30 kg/10 m²) und die vierte Parzelle bekommt gar keinen Kompost. So haben Sie nun vier Zonen (siehe nebenstehende Tabelle). Im folgenden Jahr verschieben Sie die Kulturpflanzen auf die danebenliegende Parzelle: die Pflanzen von Parzelle 4 auf Parzelle 3, die von Parzelle 3 auf Parzelle 2 usw.

ÖKOLOGISCHE LÖSUNGEN GEGEN KRANKHEITEN UND SCHÄDLINGE IM GARTEN

Natriumhydrogencarbonat (Natron), Rapsöl, Kuhmilch oder auch **Zubereitungen auf pflanzlicher Basis:** Für den Kampf gegen Schädlinge und Krankheiten im Garten gibt es **einfache Lösungen**, die weder unsere Gesundheit noch die Umwelt belasten. Nachfolgend finden Sie einige bewährte Methoden.

1

10 BEWÄHRTE METHODEN, UM SCHÄDEN VORZUBEUGEN

1 **Pflanzen wählen, die zur Jahreszeit, zum Bodentyp (z. B. kalkhaltig, sauer) und zum Klima passen (mild oder kühl).** Andernfalls besteht die Gefahr, dass Ihre Pflanzen anfälliger für Krankheiten und Schädlinge werden. Blattläuse und Marienkäfer beispielsweise besiedeln vorzugsweise geschwächte Pflanzen.

2 **Sorten bevorzugen, die widerstandsfähig gegenüber Krankheiten sind.** Das gilt besonders für Kulturpflanzen wie Tomaten und Kartoffeln, bei denen die Widerstandsfähigkeit gegenüber Mehltau ein wichtiges Argument bei der Wahl der Sorte sein sollte.

3 **Die richtigen Pflanzabstände einhalten.** Werden die Pflanzen nicht zu eng nebeneinander gepflanzt, wird die Belüflung der Laubblätter begünstigt, und es kann sich keine Feuchtigkeit stauen, die Krankheiten fördert. Tomatenpflanzen beispielsweise sollten mindestens 50 cm Abstand voneinander haben, um die Ausbreitung von Mehltau zu begrenzen.

4 **Unterschiedliche Kulturpflanzen kombinieren.** Nutzen Sie die abwehrenden Eigenschaften bestimmter Pflanzen und siedeln Sie diese im Gemüsegarten an, damit sie ihre Nachbarn schützen. Ein bekanntes Beispiel: Tagetes zwischen den Tomaten 1 schützt diese vor bestimmten Schädlingen, insbesondere vor Nematoden (winzigen Fadenwürmern).

5 **Fruchtwechsel praktizieren.** Im Gemüsegarten bedeutet dies, eine Pflanzenart – oder Pflanzen derselben botanischen Familie – nicht immer am selben Ort zu pflanzen, um den Zyklus bestimmter Schädlinge und Krankheiten im Boden zu unterbrechen (siehe S. 65).

6 **Dünger und Kompost in Maßen einsetzen.** Setzen Sie vorzugsweise Mist und Kompost ein, die sich gut zersetzt haben, und achten Sie darauf, stickstoffreichen Dünger (Guano, Geflügelmist) nicht überzudosieren, denn zu viel Stickstoff begünstigt Krankheiten und die Ausbreitung bestimmter Schädlinge, wie Blattläuse.

7 **Für die richtige Bewässerung sorgen: nicht zu viel und nicht zu wenig!** Wassermangel – der die Pflanze schwächt – begünstigt bestimmte Insekten wie Flohkäfer, die kleine Löcher in den Blättern der Radieschen hinterlassen, oder Mottenschildläuse, eine Art Weiße Fliegen, denen man in Gewächshäusern und auf Veranden begegnet. Ausreichende Bewässerung und Belüftung sind zwei Maßnahmen, um einem Befall vorzubeugen. Ein Zuviel an Feuchtigkeit wiederum begünstigt Krankheiten wie den Mehltau oder auch den Grauschimmel auf Erdbeerfrüchten.

8 **Der Biodiversität im Garten mehr Raum geben,** um die natürliche Regulierung der Schädlinge durch die Nützlinge der Hilfsfauna zu fördern.

9 **Die natürlichen Abwehrkräfte der Pflanzen stärken.** Hierfür empfiehlt sich die Verwendung pflanzlicher Zubereitungen wie Brennnessel- oder Beinwelljauche.

10 **Den Garten regelmäßig kontrollieren,** um beim Auftreten einer Krankheit oder von Schädlingen frühzeitig tätig werden zu können. Blätter, die von Krankheiten befallen sind, entfernen, damit diese nicht die gesamte Pflanze anstecken. Häufig kann das Problem in Schach gehalten werden, wenn Schädlinge, wie die Raupen der Kohlweißlinge oder Kartoffelkäfer, beizeiten eingesammelt werden. Einige Insekten oder beschädigte Blätter sind jedoch ganz normal.

ÖKOLOGISCH AKZEPTABLE PRODUKTE EINSETZEN

Beim „giftfreien" Gärtnern kann man nicht nur die natürlichen Regulatoren der Schädlinge fördern, sondern auch Produkte nutzen, die anerkanntermaßen nicht – oder nicht in erheblichem Maße – giftig für Gesundheit und Umwelt sind. Infrage kommen aber auch physische Barrieren, selektive Fallen und Zubereitungen auf Pflanzenbasis. Da keine Behandlung völlig harmlos ist, lässt man sich hier vom gesunden Menschenverstand leiten und behandelt nur, wenn dies wirklich nötig ist.

Bacillus thuringiensis

Bacillus thuringiensis ist ein Bakterium, das ein Toxin mit insektentötenden Eigenschaften produziert. Dieses natürliche Insektizid, das beim biologischen Gärtnern mit am häufigsten eingesetzt wird, ist keine vorbeugende Maßnahme, sondern eine Heilbehandlung. Es ist in Form eines Pulvers erhältlich, das mit Wasser vermischt und auf die befallenen Pflanzen gesprüht wird. Die Vorteile: spezifische Bekämpfung bestimmter schädlicher Raupen im Gemüse- und Obstgarten wie Apfelwickler, Miniermotte, Eulenfalter, Kohlweißling; weder für den Menschen noch für Nützlinge ist dieses Mittel gefährlich.

Anwendung:

- Vorzugsweise abends auf die Zielpflanzen sprühen oder, gegen bestimmte erdbewohnende Raupen, den Boden damit wässern.

Natriumhydrogencarbonat (Natron)

Natron, ein weißes Pulver, das im Handel als Produkt für die Küche oder für Wasch- und Putzmittel erhältlich ist, ist ein „Allzweck"-Mittel ohne Gefahr für Gesundheit oder Umwelt. Im Garten werden seine pilzabtötenden Eigenschaften im Kampf gegen den Falschen Mehltau auf Tomaten, den Echten Mehltau auf Weinreben und Kürbisgewächsen oder auch gegen Krankheiten des Rosenstocks eingesetzt.

Anwendung:

- Die Dosierung von 0,5 % (5 g/l Wasser) nicht überschreiten, da die Blätter der Zielpflanzen sonst verbrennen könnten. Um das Anhaften zu erleichtern, einen Teelöffel Schmierseife zugeben. Während der gefährdeten Zeiten einmal pro Woche damit spritzen.

Bordeauxbrühe 1 und Produkte auf Kupferbasis

Kupfer, das in der Natur als Mineral und in schwacher Dosis auch in uns Lebewesen vorhanden ist, ist eines der Elemente, die mit am längsten im biologischen Anbau genutzt werden. Kupfer wirkt vorbeugend gegen Pilzkrankheiten (hervorgerufen durch mikroskopisch kleine Pilze) oder bakterielle Krankheiten wie Mehltau (Tomate, Kartoffel, Wein), gegen die Kräuselkrankheit (Pfirsichbaum), die Monilia-Erkrankung (verschiedene Obstbäume). Mit einem Gehalt von 20 % Kupfersulfat ist die Bordeauxbrühe das Hauptprodukt auf Kupferbasis, das im Handel erhältlich ist.

Kupfer ist in den Dosen, die im Garten eingesetzt werden, für Menschen und Wirbeltiere nur gering toxisch (außer für Fische und Wassermilieus), gilt heute jedoch als ungünstig für das Leben im Boden (Bakterien, Bodenpilze und Regenwürmer). Es kann sich nämlich in der Erde ansammeln, wenn regelmäßig an derselben Stelle behandelt wird. Man wird also versuchen, seine Einflüsse auf den Boden in Grenzen zu halten, indem nur bei wirklichem Bedarf und in geringer Dosis damit behandelt wird.

Anwendung:

- Gegen Falschen Mehltau vorbeugend mit Bordeauxbrühe während der Phasen behandeln, die für eine Entwicklung der Krankheiten günstig sind (feuchtes Wetter, milde Temperaturen). Um die Kupfermenge, die Sie in Ihrem Garten ausbringen, zu begrenzen, halbieren Sie die auf der Packung der Bordeauxbrühe angegebene Dosis (in der Größenordnung von 2 g/l Wasser), die in Wasser aufgelöst und aufgesprüht wird.
- Zur Behandlung von Obstbäumen verwenden Sie während der Blüte kein Kupfer, es würde den Pollen verbrennen.

Ferramol 3

Ferramol ist ein für die biologische Landwirtschaft zugelassenes Schneckenkorn, das für Menschen und Pflanzen nicht giftig ist und für Tiere sehr viel weniger als die klassische Variante auf der Basis von Metalldehyd. Nach der Aufnahme führt es bei Nacktschnecken und anderen Schnecken zu Appetitverlust, der schließlich zum Tod

1

2

3

führt. Das biologisch abbaubare Produkt zersetzt sich anschließend in Phosphor und Eisen, Elemente also, die bereits im Boden vorhanden sind. Bei Anwendung in den vorgeschriebenen Dosen (5 g, d. h. ein Teelöffel/m²) ist es für Nützlinge ungefährlich.

Netze und weitere physische Barrieren

- **Insektenschutznetz 2:** Es handelt sich um ein sehr feinmaschiges Netz (0,6–1 mm), das über Kunststoffbögen gespannt wird und sehr hilfreich ist, um die Kulturpflanzen vor fliegenden Insekten zu schützen, wie die Miniermotte beim Lauch, die Möhrenfliege, Kohlweißlinge, Eulenfalter und Flohkäfer. Einziger Nachteil: sein recht hoher Preis (etwa 3 €/m).
- **Andere Variante:** Das Netz vertikal auf einer Höhe von 1,20 m an Pflöcken anbringen, sodass es herabhängt, um Karotten vor der Möhrenfliege zu schützen. Es muss sofort nach dem Aufkeimen angebracht werden. Achtung: Eine Höhe von 50 cm ist wahrscheinlich nicht ausreichend für einen wirksamen Schutz.
- **Schutzbeutel für Obstbäume 4:** Die kleinen Beutel aus Kunststoff oder transparentem Papier mit Perforation schützen die Früchte

(Äpfel, Birnen, Trauben) vor Vögeln und bestimmten Insekten (Wespen, Hornissen). Einziger Nachteil ist die Anbringung, die sich als sehr langwierig erweisen kann. Auf Äpfeln und Birnen sollten sie im Juni angebracht werden und auf Trauben, sobald diese etwa einen halben Zentimeter groß sind. Die Beutel 14 Tage vor der Reife von den Früchten abnehmen, damit diese noch schön Farbe bekommen.

- **Schutznetze gegen Vögel:** Sie werden verwendet, um die Früchte vor den Schnäbeln bestimmter Vögel zu schützen (Amseln, Drosseln), haben allerdings den Nachteil, dass sich gelegentlich unschuldige Vögel oder Säugetiere darin verfangen. Sie können dem vorbeugen, indem Sie das Netz straff spannen, ohne Löcher zu lassen, und nach Möglichkeit ein kleinmaschiges blaues Netz verwenden. Es sieht zwar weniger schön aus als die schwarze oder grüne Variante, wird von den Vögeln aber besser gesehen und verhindert dadurch, dass sie sich darin verheddern.
- **Ameisen-Leimring für Bäume 5:** Bei dieser ökologischen Lösung wird um den zu schützenden Baum ein Leimring gelegt, der die Ameisen daran hindert, dort Blattläuse als Lieferanten von Honigtau aufzuziehen. Den Leimring im Frühjahr in 1 m Höhe um den Baumstamm legen und wieder abnehmen, sobald keine Blattläuse mehr zu befürchten sind, also etwa Ende Juni. Leimringe nicht übermäßig einsetzen, denn sie können gelegentlich auch Nützlinge fangen.

Rapsöl

Mit diesem Pflanzenöl können Bäume und Sträucher sowie Gemüsepflanzen gegen Schildläuse, Blattläuse, Milben und Mottenschildläuse (Weiße Fliegen) behandelt werden. Wirkungsweise: Das Öl zerstört die wächserne Schicht bestimmter Insekten und erstickt die Eier, die Larven und die adulten Insekten. Sie sollten es jedoch nicht systematisch verwenden, denn es wirkt unspezifisch und damit auf Schädlinge ebenso wie auf Nützlinge.

Anwendung:

- Dosieren Sie das Rapsöl auf 3 Vol.-% (30 ml/l Wasser) und füllen Sie mit Wasser auf. Vor dem Spritzen gründlich schütteln und zweimal im Abstand von einer Woche spritzen.

Kuhmilch

Kuhmilch, ein natürlicher Pilzvernichter, kann im Kampf gegen den Echten Mehltau eingesetzt werden, einen durch einen Pilz hervorgerufenen weißen Belag, der häufig auf Kürbisgewächsen auftritt.

Anwendung:

- Milch und Wasser im Verhältnis 1:1 mischen und ein- bis zweimal pro Woche die befallenen Pflanzen einsprühen.

6

Nematoden

Nematoden sind mikroskopisch kleine Würmer, einige Arten sind Parasiten von Schädlingen (z.B.von Nacktschnecken, Engerlingen). Im Fachhandel sind sie in Pulverform erhältlich. Dieses wird in Wasser aufgelöst und durch Bewässern der betroffenen Bereiche verteilt. Die Weichtiere und Larven, die von diesen Parasiten befallen werden, stellen das Fressen ein und sterben im Boden.

Anwendung:

- Das in Wasser gelöste Pulver wird im Frühjahr mit der Gießkanne auf dem Boden ausgebracht, wobei der Boden feucht gehalten wird, um die Verteilung zu erleichtern.

Pheromonfallen 6

Das Prinzip dieser Fallen besteht darin, die männlichen Zielinsekten durch Emission weiblicher Sexualstoffe anzulocken. Die männlichen Insekten bleiben am Klebstoff der Falle hängen. Es gibt Fallen für verschiedene Schädlinge wie den Apfel-, Birnen- und Pflaumenwickler, die Miniermotte der Rosskastanie, die Kirschfruchtfliegen u. a. Da sie spezifisch auf die Zielart wirken, sind sie ziemlich effektiv und für andere Insekten ungefährlich.

Anwendung:

- Gegen Frühlingsende bis zur Ernte der Früchte an einem äußeren Ast des Baumes anbringen.

7

Farbfallen 7

Das Prinzip: Zahlreiche Insekten werden von Natur aus von einer bestimmten Farbe angelockt: Mottenschildläuse von Gelb, Möhrenfliegen von Orange, Thripse von Blau ... Im Fachhandel sind zahlreiche farbige Leimfallen erhältlich. Diese sind vor allem hilfreich, um die Anwesenheit eines Schädlings zu ermitteln und entsprechende ergänzende Methoden wie Netze einzusetzen.

Anwendung:

- Es genügt, die farbigen Leimfallen auf Pflöcken zwischen den zu schützenden Kulturpflanzen anzubringen, sobald die Zielinsekten auftauchen.

Pyrethrum 8

Pyrethrum ist ein Insektizid pflanzlichen Ursprungs, dessen Hauptwirkstoffe, die Pyrethrine, aus den Blüten verschiedener *Tanacetum*-Pflanzen (Korbblütler) gewonnen werden. Produkte auf Pyrethrinbasis sind im Fachhandel erhältlich. Eingesetzt werden sie gegen Blattläuse (auf Rosen, Apfelbäumen, Birnbäumen u.Ä.), Raupen und Schildläuse, aber auch gegen Flöhe, Zecken und Läuse. Diese Produkte greifen das Nervensystem von Insekten (und Fischen) an und verursachen eine sofortige Lähmung und den Tod innerhalb der folgenden Stunden oder Tage. Es ist eine Heilbehandlung, die durch direkten Kontakt wirkt, eine präventive Anwendung ist also nutzlos. Der Vorteil dieser Mittel ist, dass sie sich rasch, d.h. einige Stunden nach der Anwendung abbauen. Wie alle Insektizide – auch natürliche – sollte diese Schockbehandlung in Maßen, lokal begrenzt und nur in Ausnahmefällen eingesetzt werden, denn sie kann sich auch auf Insekten auswirken, auf die nicht abgezielt wird. Die Mittel sind für Wassermilieus giftig und bei Einatmung, Hautkontakt und Verzehr für Mensch und Tier gesundheitsschädlich.

Schmierseife

Schmierseife, ein natürliches und biologisch abbaubares Produkt von dickflüssiger Konsistenz, wird aus Oliven- oder Leinöl und Kalium hergestellt. Ihre insektenabtötenden Eigenschaften wirken insbesondere auf Blattläuse, Schildläuse, Spinnmilben und Mottenschildläuse. Achtung: Da die Wirkung unspezifisch ist, kann sie auch Nützlingen schaden (z.B.den Larven des Marienkäfers, Schwebfliegen, Bienen). Schmierseife daher nur an Stellen verwenden, wo diese Nützlinge nicht vorkommen! Schmierseife kann auch als „Tensid" für andere Behandlungsmittel wie die Bordeauxbrühe verwendet werden, um deren Stabilität und Wirksamkeit zu verbessern. Gut zu wissen: Schmierseife lässt sich durch Kernseife ersetzen.

Anwendung:

- Zur Behandlung: 1,5–3 % flüssige Schmierseife in lauwarmem Wasser auflösen (d.h. 15–30 g/l) und mit dieser Mischung die befallene Pflanze einsprühen.
- Als Tensid der Bordeauxbrühe: 5 Esslöffel flüssige Schmierseife in 1 l gebrauchsfertiger Bordeauxbrühe auflösen.

8

- Falls sie durch Kernseife ersetzt werden soll: 2 Esslöffel Öl zu 150 g Seifenspänen pro Liter warmem Wasser zugeben. Diese Zubereitung dann auf 10 % verdünnt (100 ml/l Wasser) verwenden.

Schwefel

Schwefel, ein einfacher Mineralstoff, wird zur Vorbeugung und Behandlung bestimmter Krankheiten eingesetzt, wie Echtem Mehltau, Apfelschorf oder der Schwarzfleckenkrankheit bei Rosen. Er beugt dem Keimen der Pilzsporen vor und vernichtet die Pilzfäden zu Beginn ihrer Ansiedlung. Achtung: Schwefel nicht bei Temperaturen über 28 °C verwenden, er könnte sonst die Pflanzen verbrennen!

Anwendung:

- Je nach im Handel erhältlichem Produkt wird Schwefel als Pulver aufgebracht oder mit Wasser verdünnt gespritzt.

PFLANZLICHE ZUBEREITUNGEN FÜR DEN GARTEN SELBST HERSTELLEN

Blattläuse, Milben und Mottenschildläuse vertreiben, das Wachstum und die natürlichen Abwehrkräfte der Pflanzen stärken: Die Natur bietet uns Möglichkeiten, unsere eigenen Naturheilmittel aus Wild- und Kulturpflanzen des Gartens herzustellen. Einfach, kostenlos und ungiftig für Gesundheit und Umwelt. Was will man mehr?

Wermutkraut 1, schön und abschreckend

Das Wermutkraut, einst der Inhaltsstoff alkoholischer Getränke (Absinth) mit gefährlichen Wirkungen, verdient seinen Platz im Garten, wo sein schönes silbergraues Blattwerk wunderbar wirkt. Der starke Duft dieser robusten mehrjährigen Pflanze wirkt auf zahlreiche Insekten abschreckend. Wermutkraut kann auch als Aufguss oder Absud gegen Blattläuse auf Obstbäumen eingesetzt werden. Da es eine spezielle Art von Blattläusen anzieht, ist es zudem ein großartiger Anlaufpunkt für Marienkäfer. Die Pflanze sollte vorzugsweise zu Beginn der Blüte geerntet werden (Juni/Juli).

Anwendung:

- Junge Stängel und Blätter über den zu schützenden Pflanzen (Kohl, Radieschen) verteilen.
- Wermutabsud: 50 g der getrockneten Pflanze in 5 l Wasser 15 Minuten kochen, anschließend 2 Stunden ziehen lassen. Auf 10 % verdünnen und die befallenen Bäume damit spritzen.

Knoblauch, in der Küche so unverzichtbar wie im Garten

Der Knoblauch, ein natürliches Insektifug (Insektizid und Fungizid), ist einer unserer wertvollsten Verbündeten in Garten und Küche. Er enthält als Wirkstoff viel Schwefel und hilft daher, Blattläuse, Milben und Thripse (kleine Insekten, die Zimmerpflanzen oder Gewächshauspflanzen befallen) fernzuhalten. Auch auf Feldmäuse und Wühlmäuse soll er abschreckend wirken.

2

3

Anwendung:

- Knoblauchaufguss: 10 g Knoblauch hacken, in 1 l kochendes Wasser geben und 24 Stunden ziehen lassen. Die Pflanzen mit der unverdünnten Zubereitung spritzen.

Beinwell, eine großartige Düngepflanze

Von dieser Staudenpflanze gibt es mehrere Arten, Wild- oder Kulturstauden, die alle für den Garten geeignet sind. Unter ihnen der Futter-Beinwell 2, der besonders ergiebig, kräftig und groß wird. Der Echte Beinwell ist eine Wildpflanze, der man vor allem in feuchter Umgebung häufig begegnet.

Dank seiner tiefen Wurzel (sie reicht bis zu 2 Meter tief, wenn es der Boden erlaubt) ist der Beinwell eine wahre Nährstoffpumpe und gibt an die Gartenpflanzen wertvolle Nährstoffe wie Kalium ab. Im Garten dient er vor allem zur Zubereitung einer Pflanzenjauche mit düngenden und phytostimulierenden Eigenschaften, die das Wachstum der Pflanzen und ihre natürlichen Abwehrkräfte fördern. Seine Blätter zersetzen sich im Kompost oder auf dem Boden sehr gut und wirken als Beschleuniger des mikrobiellen Lebens.

Anwendung:

- **Als Jauche:** 1 kg frische Pflanze auf 10 l Regenwasser, grob zerkleinern und etwa 14 Tage (bei 18 °C) fermentieren lassen. Die Dauer hängt von der jeweiligen Temperatur ab. Anwendungsgebiete:
- **Zum Bewässern unter den Pflanzen,** verdünnt auf 15–20 % (1,5–2 l für eine Gießkanne mit 10 l Fassungsvermögen),
- **Zum Spritzen der Laubblätter,** verdünnt auf 5 % (0,5 l/10 l Wasser).

Adlerfarn 3, gegen Blattläuse und die Larven des Schnellkäfers

Der Wedel des Adlerfarns erinnert an die Silhouette des namengebenden Vogels. Diese großwüchsige Pflanze, der man im Unterholz, in Wäldern und im Heideland auf sauren Böden begegnet, wird nicht angepflanzt, sondern wild gesammelt. Als selbst hergestellte oder im Fachhandel gekaufte Pflanzenjauche vertreibt sie im Garten Blattläuse, Minierfliegen, Milben, aber auch die Larven des Schnellkäfers.

Anwendung:

- **Als Jauche:** 1 kg der frischen Pflanze, die im Sommer gesammelt wird, auf 10 l Regenwasser, das Ganze 4–5 Tage mazerieren lassen. Filtern und für die meisten Zwecke die unverdünnte Lösung verwen-

4

5

den. Gegen die Larven des Schnellkäfers wird die Lösung auf 10% verdünnt verwendet, entweder zum Bewässern oder Besprühen des Bodens vor dem Anpflanzen.

Brennnessel – darf bei pflanzlichen Zubereitungen nicht fehlen

Man muss diese Nesselpflanze nicht mehr vorstellen, an der sich wohl jede und jeder schon einmal die Finger verbrannt hat. Da die Brennnessel organische Verbindungen (insbesondere Stickstoff) liebt, wächst sie häufig in der Nähe des Komposthaufens und breitet sich über ihre Rhizome und Samen aus. Nicht verwechseln sollte man sie mit der Weißen Taubnessel, die nicht dieselben Eigenschaften besitzt. Im Garten fördert die Brennnessel in Form einer Jauche das Pflanzenwachstum (Phytostimulanz) und kräftigt das Immunsystem der Pflanzen, wenn sie damit am unteren Teil bewässert werden oder ihr Blattwerk damit eingesprüht wird. Als Mazerat besitzt die Brennnessel insektenvertreibende Eigenschaften und hält dadurch verschiedene Insekten fern, zum Beispiel Blattläuse, Milben und Wickler.

Anwendung:

- **Als Mazerat:** 1 kg frische Pflanze auf 10 l Wasser, 12 Stunden lang mazerieren lassen. Filtern, dann die unverdünnte Zubereitung auf die zu schützenden Pflanzen sprühen.
- **Als Jauche:** 1 kg frische Pflanze, grob zerkleinert 4, auf 10 l Regenwasser, vorzugsweise in einen Plastikeimer geben, mit einem Tuch (oder einem nicht luftdicht schließenden Deckel) abdecken und etwa 14 Tage fermentieren lassen (bei 18 °C), wobei die Dauer der Fermentation von der Temperatur abhängt. Nicht vergessen, Handschuhe zu tragen und Material zu verwenden, das nur für diesen Zweck bestimmt ist, denn der Geruch ist hartnäckig! Durch ein Sieb filtern, das mit

Haltbarkeit der Zubereitungen

Diese Mazerationen, Aufgüsse und Absude müssen in den Stunden nach der Zubereitung oder spätestens innerhalb von zwei Tagen verwendet werden. Es ist daher wichtig, dass Sie die benötigte Menge genau berechnen (rechnen Sie etwa 1 l/10 m²). Pflanzenjauche hält sich etwas länger: im Keller in undurchsichtigen und hermetisch schließenden Behältern mehrere Wochen.

einem Tuch ausgelegt ist 5. Zum Gießen am unteren Teil der Pflanzen oder zum Besprühen der Blätter verwenden, verdünnt auf 15 % (1,5 l/10 l Wasser).

Ackerschachtelhalm 6, unverzichtbar gegen Pilzkrankheiten

Diese seltsam aussehende Pflanze wächst wild an Straßen- und Wegrändern, häufig in der Nähe von Feuchtgebieten. Die sehr vitale Pflanze widersteht dank ihrer tiefen Rhizome den meisten chemischen Unkrautvernichtern. Mit einem hohen Gehalt an Silicium hat sie – als Absud oder Mazerat – eine gute vorbeugende Wirkung gegen Pilzerkrankungen (durch mikroskopisch kleine Pilze) wie Falscher Mehltau, Kräuselkrankheit des Pfirsichbaums, Rostkrankheit, Schorf u. a.

Anwendung:

- **Als Absud:** 100 g frischen Ackerschachtelhalm sammeln (oder 20 g getrocknete Pflanze verwenden) und in 1 l Wasser 20 Minuten kochen. 12 Stunden mazerieren lassen, dann durch ein Sieb filtern, das mit einem Stück Stoff oder einer Strumpfhose ausgelegt ist. Auf 5–10 % verdünnt zum Spritzen verwenden.
- **Um ganzjährig einen Vorrat zu haben**, können Sie den Ackerschachtelhalm im Sommer sammeln, einige Tage trocknen lassen und dann in einer Papiertüte an einem trockenen Ort aufbewahren.

Rhabarber 7

Rhabarber ist in Gärten wohlbekannt, seine Blätter enthalten viele Oxalate, toxische Verbindungen, die sie zum Verzehr ungeeignet machen (nur der Blattstiel ist genießbar). Genau die Blätter können in Form eines Mazerats im Garten zur Insektenabwehr eingesetzt werden, gegen Blattläuse und Raupen, etwa der Lauchmotte.

Anwendung:

- **Als Mazerat aus den Blättern:** 500 g Rhabarberblätter in 3 l Wasser 24 Stunden lang mazerieren lassen. Unverdünnt zum Spritzen verwenden.

Schwarzer Holunder, ein vielfach nutzbarer Heckenstrauch

Dieser Heckenstrauch ist für den Garten eine wertvolle Ressource, die vielerlei positive Eigenschaften in sich vereint. Er bietet nicht nur genießbare Blüten und Früchte. Seine Blüten, die viel Nektar absondern, locken zahlreiche Pollen sammelnde Insekten an, seine Früchte wiederum sind attraktiv für Vögel wie Mönchsgrasmücke, Rotkehlchen oder Hausrotschwanz. Da der Strauch einige spezifische Blattläuse beherbergt, nährt er außerdem zahlreiche Nützlinge. Seine markhaltigen Stängel bieten nistenden Wespen, die als Insektenräuber unterwegs sind, sowie Solitärbienen einen wertvollen Unterschlupf. Die Blätter wehren bestimmte Schädlinge wie Blattläuse, Thripse, Eulenfalter, Maulwürfe und Wühlmäuse ab.

Anwendung:

- Zweige vom Schwarzen Holunder zwischen den zu schützenden Pflanzen verteilen oder in die Erde stecken, um Maulwürfe und Wühlmäuse, Flohkäfer, Blattläuse und andere unerwünschte Gäste fernzuhalten.
- **Als Absud:** 1 kg Holunderblätter in 10 l Wasser 30 Minuten kochen lassen. Unverdünnt gegen Flohkäfer, Eulenfalter und Blattläuse spritzen.

Rainfarn 8, eine zahlreiche Insekten abwehrende Pflanze

Diese auf Brachen und an Wegrändern verbreitete Pflanze ist seit Langem für ihre Insekten und Würmer vertreibenden Eigenschaften bekannt, die ihr zahlreiche Beinamen eingetragen haben, wie „Blattlauskraut“ oder „Würmerkraut“. Im Garten wird sie in Form eines Aufgusses gegen verschiedene Blattläuse, Ameisen, Mottenschildläuse, Wickler, Kohlweißlinge u. a. eingesetzt.

Anwendung:

- **Als Aufguss:** In einem Topf 300 g frische Blätter und Blüten des Rainfarns aufkochen, vom Herd nehmen und abkühlen lassen. Pflanzen unverdünnt damit spritzen.

8

Lavendel, Vielzweck-Aromapflanze 9

Diese schöne Aromapflanze aus dem Mittelmeerraum liebt sonnige Standorte und drainierte Böden, auch Kalkböden. Mit seinem starken Duft besitzt der Lavendel ein breites Spektrum an Eigenschaften, die unerwünschte Insekten aus Haus und Garten vertreiben. In den Schränken unserer Großmütter wurde er gegen Motten eingesetzt, im Garten gilt er als Abwehrpflanze von Blattläusen und Ameisen. Er ist auch ein beliebter Inhaltsstoff in pflanzlichen Zubereitungen.

Anwendung:

- **Als Aufguss:** 100 g der frischen Pflanze in 1 l kaltes Wasser geben und erhitzen. Sobald das Wasser kocht, den Topf vom Herd nehmen und zugedeckt abkühlen lassen, anschließend filtern. Die Zielpflanzen unverdünnt damit spritzen. Reste können in einer Flasche einige Tage im Kühlschrank aufbewahrt werden.

10

9

Weinraute, das verkannte Abwehrmittel 10

Die Pflanze mit blaugrünen Laubblättern, deren kleine gelbe Blüten von Juni bis Oktober blühen, ist heute aus unseren Gärten praktisch verschwunden. In früheren Jahrhunderten wurde sie vielfach als Heilpflanze genutzt (die jedoch mit Vorsicht zu genießen ist!), insbesondere auch als Abortivum, was ihr in Frankreich den Beinamen „Kraut der schönen Mädchen“ eingetragen hat. Die Pflanze lässt sich sehr einfach anbauen, sie vermehrt sich problemlos durch Stecklinge und kommt mit Trockenheit sehr gut zurecht.

Verreibt man die Pflanze zwischen den Fingern, gibt sie einen unangenehmen Geruch ab. Wohl aus diesem Grund gilt sie als Abwehrpflanze gegen zahlreiche Insekten – insbesondere Blattläuse –, Nacktschnecken, Ratten und weitere Nager.

Anwendung:

- **Frische Pflanze:** Einige frische Blätter auf den zu schützenden Pflanzen verteilen (insbesondere auf Blattlauskolonien).
- **Als Mazerat:** 800 g der frischen Pflanze (Blätter und Stängel, vorzugsweise vor der Blüte) in 1 l Wasser geben und zehn Tage mazerieren lassen. Auf 20 % verdünnt verwenden.

KULTURPFLANZEN GUT KOMBINIEREN

Eine gute Kombination der Kulturpflanzen im Garten vereint deren jeweilige Vorteile. Zuerst einmal werden Platz und Zeit optimal genutzt, wenn Pflanzen kombiniert werden, die sich ergänzen und gedeihen, ohne einander zu stören. Zudem locken sie Hilfsinsekten an – hier sind Blumen wie Korbblütler und Doldenblütler Meister ihres Fachs. Schließlich, und das interessiert uns in diesem Kapitel, können uns ausgewählte Pflanzenkombinationen dabei helfen, Schädlinge abzuwehren und unsere Kulturpflanzen vor Krankheiten zu schützen.

Mischkulturen: Kombinationen, die vor Schädlingen schützen

Bekanntlich stehen Pflanzen und Insekten in enger Verbindung zueinander, entweder durch Anziehung oder durch Abstoßung. Bestimmte Pflanzen können Stoffe an ihre Umgebung abgeben, die bestimmte schädliche Insekten abwehren, was den empfindlichen Kulturpflanzen nützt. Durch einfaches Mischen der Pflanzen wird das Ortungssystem der Insekten gestört, die ihre Ziele anhand von Blattfarben, Gerüchen u. Ä. lokalisieren. So reduziert bereits der Anbau einer Mischung verschiedener Arten die Gefahr, dass ein Schädling sein Ziel erreicht.

Einige Pflanzen können auch Substanzen freisetzen, die auf Insekten abwehrend oder sogar toxisch wirken. Das gilt etwa für die Familie der Zwiebelgewächse, zu denen Knoblauch, Zwiebel, Lauch, Schalotte oder Schnittlauch gehören. Eine der bekanntesten Kombinationen ist der gemeinsame Anbau von **Karotte** und **Lauch**. Sie halten die Feinde der jeweils anderen Pflanze – die Thripse, Lauchmotten und Möhrenfliegen, die sich Gänge in die Wurzeln graben – auf Abstand. Das funktioniert durch die Freisetzung abwehrender Substanzen und durch olfaktive Störung, aber nicht nur: Da die Fliege in einer Höhe von höchstens 40 cm über dem Boden anfliegt, dienen die Lauchreihen auch als Schutzschirm. Vorsicht, die Kombination bestimmter Kulturpflanzen ist kein ausreichender Schutz, wenn der Insektenbefall zu groß ist! Auch eine Hecke, in der sich die Möhrenfliege niederlässt, bevor sie ihre Eier ausbrütet, kann den Schädling fördern.

Eine weitere bewährte Mischkultur für den Gemüsegarten sind **Meerrettich** und **Kartoffeln**: Der Meerrettich schreckt einerseits den Kartoffelkäfer ab und lockt andererseits Schnecken von den Kartoffeln weg, die dann am Meerrettich eingesammelt werden können.

Kombination von Lauch und Karotten: Wie funktioniert das in der Praxis? 1

- Wählen Sie am besten Karotten- und Lauchsorten, die Sie zur selben Zeit säen können. Pflanzen Sie jeweils eine Reihe Lauch zwischen zwei Reihen Karotten, wobei ein Abstand von je 30 cm zwischen den Reihen eingehalten wird.
- Aus praktischen Erwägungen können Sie auch in Doppelreihen pflanzen: Gehen Sie wie oben beschrieben vor, nur mit je zwei Reihen Karotten und zwei Reihen Lauch.

Ebenfalls gut kombinieren lassen sich **Tomaten** und **Kohl** 2: Die sehr aromatische Tomatenpflanze schützt den Kohl vor Kohlmotte, Kohlweißling und Kohlfliege. Man kann auch die Geiztriebe der Tomaten über den Kohl streuen, um von diesen Eigenschaften zu profitieren. Auch **Kosmeen** und **Kohl** können kombiniert werden, um den Kohlweißling zu stören. Dabei wird das Nützliche mit dem Dekorativen verbunden. Zudem wird der Kohl den leichten Schatten zu schätzen wissen, den die Kosmeen bieten. Hierfür die Kosmeen rund um die gesamte Kohlparzelle pflanzen.

1

Ein weiteres Beispiel: Aromapflanzen können uns helfen, Blattläuse, Ameisen und verschiedene Insekten fernzuhalten. Zu den wirksamsten unter ihnen zählen **Lippenblütler** wie Lavendel, Thymian oder Salbei, die insektizide Substanzen (Terpene) produzieren. Sie können in der Nähe der auf Insekten empfindlich reagierenden Kulturpflanzen angepflanzt werden, oder man verteilt ihre Zweige auf diesen Pflanzen. Ein weiteres Mitglied dieser Familie ist das **Basilikum**. Es hält in Gewächshäusern die Mottenschildlaus fern, kleine weiße Fliegen, die gelegentlich auf Tomaten und Kohl zu finden sind.

Die Familie der **Korbblütler** ist ebenfalls sehr wirkungsvoll: Der stark riechende **Rainfarn** sondert ein toxisches ätherisches Öl (Thuyon) ab, das Ameisen, Fliegen, Blattläuse u. a. abwehrt. Er wird daher in der Nähe empfindlicher Kulturpflanzen wie beispielsweise dem Rosenstrauch angesiedelt. Die **Tagetes** ist dafür bekannt, eine Vielzahl von Insekten fernzuhalten, daher setzt man sie unbegrenzt zwischen die Kulturpflanzen im Gemüsegarten, womit eine ebenso ästhetische wie nützliche Wirkung erzielt wird!

Weitere schützende Mischkulturen:

– Sellerie mit Kohl oder Lauch: Der Sellerie hält Kohlweißling und Kohlfliege fern, während der Kohl den Sellerie vor der Rostkrankheit schützen kann. Der Sellerie hält die Lauchmotte vom Lauch fern.

– Kerbel und Kopfsalat: Der Kerbel schützt den Kopfsalat vor Ameisen, Blattläusen und Nacktschnecken.

– Karotte und Koriander: Die gemischte Aussaat hilft gegen die Möhrenfliege.

Pflanzen, die vor Krankheiten und Nematoden schützen

Pflanzen können uns bis zu einem gewissen Grad dabei helfen, bestimmte Krankheiten einzudämmen und Nematoden (Fadenwürmer) zu bekämpfen. Beginnen wir mit den Krankheiten, von denen eine

beträchtliche Anzahl durch mikroskopisch kleine Pilze hervorgerufen wird. Dabei sticht eine botanische Familie wegen ihrer pilzabtötenden Eigenschaften heraus: die Zwiebelgewächse, zu denen Knoblauch, Lauch, Zwiebel, Schnittlauch etc. gehören. 3
So ist es empfehlenswert, im Kampf gegen die Rostkrankheit Schnittlauch und Johannisbeersträucher zu kombinieren oder Knoblauch bzw. Lauch mit Erdbeerpflanzen, um Grauschimmel vorzubeugen. Versuchen Sie, gegen die Kräuselkrankheit Knoblauch oder Schnittlauch unter den Pfirsichbaum zu pflanzen.
Leider kann man nicht viel unternehmen gegen den Falschen Mehltau, die Hauptkrankheit von Tomaten und Kartoffeln. Allerdings sollte man darauf verzichten, die beiden Pflanzen nebeneinander anzupflanzen: Da die Kartoffel zuerst befallen wird, steckt sie die Tomate häufig an. Sorgen Sie auch für ausreichenden Abstand zu Sonnenblumen, die das Auftreten des Pilzes begünstigen. Eine Option, die zu testen sich lohnt: Knoblauch-Schnittlauch, der sich im Labor als wirksam gegenüber dem Erreger des Mehltaus erwiesen hat. Nun muss sich dies nur noch in der Praxis bestätigen!

3

4

Ein weiteres Problem, bei dem uns bestimmte Pflanzen sehr nützen können, sind Nematoden, winzige Fadenwürmer, die auf bestimmten Kulturpflanzen wie Tomaten, Karotten, Kohl oder auch Erdbeeren für Galläpfel und Deformationen verantwortlich sind, die mit Krankheiten vergleichbar sind. Allerdings sind sie in Biogärten selten, wenn man den Fruchtwechsel praktiziert und mit dem Ausbringen von Kompost arbeitet. Bei Monokulturen und in warmen Ländern treten sie hingegen häufiger auf. Verschiedene Pflanzen, die über ihre Wurzeln chemische Verbindungen freisetzen, haben die Fähigkeit, den Boden zu reinigen. Unter ihnen gehört die Tagetes zu den wirksamsten Pflanzen (siehe Kasten), zu nennen sind daneben aber auch Ackersenf, Ringelblume, Roggen, Kokardenblume, Kosmea …

4 Tagetes

Die Tagetes ist die Pflanze schlechthin im Kampf gegen Nematoden. Sie kann die Populationen dieser Parasiten um 90–95 % reduzieren und dies für mindestens zwei Jahre. Wie macht sie das? Sie setzt Verbindungen im Boden frei, die für diese Würmer giftig sind. Man verwendet Tagetes als Gründünger, in Rotation oder als Zwischenkultur. Die Tagetes wehrt auch viele Schädlinge ab – z. B. Blattläuse, Mottenschildläuse, Flohkäfer – und kommt mit ihrer langen Blütezeit gleichzeitig den Bestäubern und weiteren Nützlingen zugute. Sie ist leicht zu kultivieren und kann ohne Bedenken zwischen die Kulturen gesetzt werden!

DIE WICHTIGSTEN KRANKHEITEN UND SCHÄDLINGE IM GARTEN UND NATÜRLICHE GEGENMITTEL

Welche **natürlichen Lösungen** gibt es, um **Mehltau, Blattläuse, Schildläuse, Möhrenfliegen** und Co. zu beseitigen oder zumindest in Grenzen zu halten? Es folgen einige Optionen für den chemiefreien Kampf gegen die häufigsten Schädlinge und Krankheiten im Garten.

Flohkäfer 1

Flohkäfer, die von einer warmen und trockenen Witterung begünstigt werden, sind kleine Käfer, die die Blätter von Gemüsepflanzen durchlöchern, meist aus der Familie der Kohlpflanzen, Kreuzblütler (Radieschen, Rucola, Kohlsorten), aber auch von Mangold und Roter Bete. Das Wachstum der dadurch geschwächten Pflanzen ist verlangsamt, der Ertrag reduziert.

Was kann man tun?

- Regelmäßig den Boden hacken und auf dessen ausreichende Feuchtigkeit achten.
- Direkt nach der Aussaat ein Insektenschutznetz anbringen, dessen Ränder vergraben werden und das genügend Platz für das Wachstum der Pflanzen lässt oder das auf Bögen gespannt wird.
- Der letzte Ausweg bei einem wirklich starken Flohkäferbefall ist eine Behandlung mit Pyrethrum: zwei Anwendungen im Abstand von ein paar Tagen.

Wühlmäuse 2

Diese kleinen Nagetiere graben Gänge in den Boden und machen sich über Wurzelgemüse (Karotten, Kartoffeln, Rote Bete) ebenso her wie über die Wurzeln von Obst- oder Zierbäumen. Zwar gibt es mehrere Arten, bei Gärtnern am gefürchtesten ist jedoch die Große Wühlmaus *(Arvicola terrestris)*, die auch als Schermaus bezeichnet wird und eine Art Maulwurfshügel bildet. Eine gewisse natürliche Regulierung erfolgt durch Füchse, Wiesel und Greifvögel, die wiederum durch Hecken und Bäume gefördert werden.

Was kann man tun?

- Falls Sie in Ihrem Garten mit diesem Problem zu tun haben, lassen Sie im Winter keinen Mulch unter den Obstbäumen liegen, denn dieser bietet den Wühlmäusen Unterschlupf.
- Schützen Sie Gemüse, das in der Erde verbleibt, mit natürlichen Abwehrmitteln: Blättern vom Walnussbaum, Ästen vom Schwarzen Holunder, Knoblauchextrakt (im Handel gibt es Abwehrprodukte auf der Basis von Knoblauchöl).
- Fangen Sie sie, vorzugsweise im Winter, indem Sie Röhrenfallen oder Fallgruben in der Nähe der Eingänge zu den Gängen aufstellen.

1

2

3

Apfel- und Birnenwickler 3

Der Apfelwickler, Hauptfeind des Apfelbaums, der auch Pfirsich-, Birn- und Aprikosenbäume heimsucht, ist im adulten Zustand ein kleiner graubrauner Schmetterling aus der Familie der Wickler. Im Frühling, nach der Paarung, legen die Weibchen ihre Eier auf die Blätter und Früchte. Die Larven fressen dann Gänge in die Früchte, wodurch diese madig werden und vorzeitig abfallen.

Was kann man tun?

- Unterstützen Sie die natürlichen Feinde des Wicklers, insbesondere Fledermäuse und insektenfressende Vögel, vor allem Meisen.
- Bringen Sie im Mai/Juni Pheromonfallen an, um die Männchen zu fangen und zu ermitteln, wann die Behandlungen durchgeführt werden müssen. Spritzen Sie ein Mazerat von Brennessel, Wermutkraut, Rhabarber oder einen Absud aus Rainfarn vier- bis fünfmal alle zehn Tage, sobald die Schmetterlinge auftauchen (in der Regel im Mai und im August).
- Wenn Ihr Baum klein ist und wenig Früchte trägt, schützen Sie die Früchte im Mai, sobald sie sich gebildet haben, in Beuteln. Einen Monat vor der Ernte sollten Sie die Beutel entfernen, damit die Früchte in der Sonne Farbe annehmen können.
- Es gibt heute ein Produkt zur biologischen Bekämpfung, Carpovirusine®, auf der Basis des Granulose-Virus, das seit 2012 im Garten verwendet werden darf. Es wirkt sehr selektiv und ist für Säugetiere ungefährlich. Sobald sich die Früchte bilden, werden die Blätter damit gespritzt.
- Sie können auch ab Juni oder Mitte August Fanggürtel aus Pappe (im Fachhandel erhältlich) um den Stamm legen: Die Larven können sich dort während der Saison entwickeln oder ihren Kokon weben, um darin zu überwintern. Am Ende der Saison (Ende Oktober) muss lediglich der Fanggürtel abgenommen und verbrannt werden.

Die Kräuselkrankheit des Pfirsichbaums 4

Die Kräuselkrankheit befällt zumeist Pfirsichbäume, aber auch Nektarinen- und Mandelbäume. Von einem mikroskopisch kleinen Pilz, *Taphrina deformans*, hervorgerufen, zeigt sich die Krankheit durch Deformierungen und Wölbungen der Blätter, die sich rot verfärben. Begünstigt wird die Krankheit durch einen milden und regnerischen Winter, gefolgt von einem kühlen und feuchten Frühjahr. Der Fruchtertrag kann dann sehr reduziert sein, wiederholter Schädlingsbefall kann sogar den Baum absterben lassen.

Was kann man tun?

- Pflanzen Sie widerstandsfähige alte Sorten wie 'Amsden', 'Madame Girerd', 'Poysdorfer Weingartenpfirsich', 'Avalon Pride', 'Harrow Beauty' etc. Lassen Sie sich in Ihrer Baumschule beraten.
- Erhalten Sie die Lebenskraft des Baumes, indem Sie den Boden unter der Baumkrone mit Brennesseljauche wässern (auf 10 % verdünnt) und im Herbst Kompost ausbringen.
- Pflanzen Sie unter dem Pfirsichbaum Knoblauch, Schnittlauch oder Meerrettich an: Diese Pflanzen sollen zu seinem Schutz vor dieser Krankheit beitragen.
- Spritzen Sie den Baum im Januar/Februar, sobald die Knospen anschwellen, vorbeugend mit einem auf 20 % verdünnten Schachtelhalmabsud.
- Ebenfalls vorbeugend können Sie mit Bordeauxbrühe spritzen, sobald die Knospen anschwellen – meist im Januar/Februar –, und dann erneut 14 Tage später, wenn die Blätter herauskommen.

Schildläuse 5

Auf den Unterseiten der Blätter und auf den Stängeln bilden Schildläuse eine Art Schuppen mit Wachshülle, wodurch sie gegenüber zahlreichen Behandlungen resistent sind. Auf Zimmerpflanzen sind sie wohlbekannt (Wollläuse der Gewächshäuser), es gibt mehrere Arten, von denen einige auch Obstbäume und Zierpflanzen befallen. Diese Stechsauger schwächen die Kulturpflanzen und Bäume und begünstigen die Übertragung von Viren sowie die Vermehrung von Pilzen.

4

Was kann man tun?

- Auf Zimmerpflanzen die Schildläuse mit einem in Alkohol getränkten Wattestäbchen ablösen; der Alkohol löst die Wachshülle auf.
- Stellen Sie Ihr eigenes Produkt gegen Schildläuse her: 2 Esslöffel Schmierseife + 3 Esslöffel Alkohol mit 90 Vol.-% in 1 l Wasser. Spritzen Sie die Pflanzen mit diesem Produkt zweimal hintereinander im Abstand von 30 Minuten auf den Ober- und Unterseiten der Blätter. Sie können die Blätter auch mit Rapsöl spritzen (dadurch ersticken die Schildläuse), verdünnt auf 3 % (30 g/l).

Kartoffelkäfer 6

Dieser 1 cm lange Käfer stammt ursprünglich aus Mexiko. 1876/77 kam er nach Deutschland und richtete in den 1940er-Jahren ernste Verwüstungen bei den Kartoffelkulturen an. Heute ist er seltener geworden, kann aber in Gärten und in bestimmten Regionen noch immer grassieren.

Nachdem die adulten Käfer den Winter im Boden verbracht haben, kommen sie im Frühjahr heraus, wenn die Bodentemperatur 14 °C erreicht und die Witterung feucht ist. Die Käfer pflanzen sich sehr schnell fort und legen Häufchen gelber Eier auf der Blattunterseite der Kartoffelpflanze ab. Aus diesen entwickeln sich die rot-orangefarbenen Larven, die genau wie die adulten Käfer große Mengen der Blätter der Kartoffeln (aber auch anderer Nachtschattengewächse wie Auberginen oder Tomaten) fressen.

Was kann man tun?

- Säen Sie den Raukenblättrigen Nachtschatten (auch als Litschi-Tomate bekannt) aus, ein schönes Nachtschattengewächs, das noch verlockender ist als die Kartoffel und den Kartoffelkäfer von dieser ablenken wird.
- Eine der zuverlässigsten Methoden ist, die Kartoffelkulturen (Blattunterseiten) aufmerksam zu überwachen und Eier, Larven und adulte Käfer manuell einzusammeln und zu vernichten.
- Sind wirklich viele Larven vorhanden, können diese mit Pyrethrum behandelt werden (bei adulten Käfern kaum wirksam). Die Behandlung ist nach zehn bis 14 Tagen zu wiederholen, da Eiablagen und Schlüpfen gestaffelt erfolgen.

Gartenameisen

Die wohlbekannten kleinen, braun-schwarzen Gartenameisen bauen ihre Nester in der Erde, unter Steinen oder im Holz. Im Garten gehen sie ihrer Angewohnheit nach, Blattläuse als Lieferanten von Honigtau zu züchten, von dem sich die Ameisen ernähren. Die sozialen Insekten halten die Blattläuse wie Vieh, verlagern sie von einer Pflanze auf eine andere und schützen sie vor Räubern. Dabei übernehmen sie auch eine ökologische Aufgabe, indem sie organische Abfälle und tote Insekten beseitigen.

Was kann man tun?

- Legen Sie einen Ameisenring um Ihre Obstbäume, und zwar direkt zum Ende des Winters.
- Streuen Sie Zweige von abwehrenden Pflanzen aus, wie von Lavendel, Rainfarn, Schwarzem Holunder oder die Geiztriebe von Tomaten.

Schädliche Larven im Boden: von Maikäfer 7, Schnellkäfer 8, Wurzelbohrer

Urplötzlich fangen Ihre Salate an zu welken? Beim Herausnehmen sehen Sie, dass ihre Wurzeln angeknabbert wurden? Dann brauchen Sie an dieser Stelle nur ein Loch zu graben, um den Schuldigen zu entdecken! Mehrere Larvenarten im Boden können sich über die Wurzeln hermachen, beispielsweise die Larven des Schnellkäfers, des kleinen Wurzelbohrers, aber auch des Maikäfers. Wie erkennt man sie? Die Larve des Schnellkäfers – mit einer Zykluszeit von vier Jahren – ist gelb-orange, glänzend und sehr rege. Sie wird auch als „Drahtwurm“ bezeichnet und befällt Salate, Kartoffeln, Rote Bete und Karotten. Eine weiße Larve mit rotem Kopf, sehr rege und 40 mm lang? Das ist die Larve des kleinen Wurzelbohrers, eines Nachtfalters, der die Wurzeln von Kopfsalat, Endivie, Erdbeeren oder die Knollen der Kartoffeln verschlingt. Eine große weißliche und wenig mobile Larve wiederum gehört zum Maikäfer. Die „Engerlinge“ genannten Larven dieser Käfer, die sich in mehrere Arten unterteilen, machen sich über Kopfsalat, Erdbeeren, Kartoffeln und Rote Bete her. Ihre Zykluszeit beträgt drei Jahre.

Was kann man tun?

- Leider nicht viel. Graben Sie ein Loch, graben Sie die Larve aus und vernichten Sie diese (oder geben Sie sie den Hühnern zu fressen), aber das Unglück ist geschehen! Neben dem Fördern von Nützlingen (Maulwurf, Spitzmaus, Vögel), kann man eine abwehrende Lösung auf Farnjauche-Basis, einen Rainfarnabsud oder einen Knoblauchaufguss ausbringen.
- Säen Sie vorab Ackersenf, einen Gründünger, der Schnellkäfer abwehrt, oder Buchweizen gegen die Engerlinge.
- Bearbeiten Sie den Boden wiederholt, um die Eier und die jungen Larven ihren natürlichen Feinden auszusetzen.
- Im Fachhandel sind Nematoden *(Heterorhabditis bacteriophora)* erhältlich, Parasiten der Maikäferlarven in Form eines löslichen Pulvers. Die Anwendungsbedingungen sind äußerst streng: Der Boden muss nach der Behandlung mehrere Wochen lang feucht gehalten werden, und die Bodentemperatur muss mehr als 12 °C betragen.

7

8

Nacktschnecken

Nacktschnecken belegen unter den Hauptfeinden des Gärtners die vordersten Plätze. Sie können in einer einzigen Nacht bis zu 50 % ihres Körpergewichts fressen! Diese gefürchteten, hauptsächlich nachtaktiven Räuber, machen sich vorzugsweise über junge Pflanzen her, vor allem von Blattsalaten, Dahlien, Basilikum, den Früchten der Erdbeere, frisch ausgesäten Blumen etc. 9 Zu den verbreitetsten Arten gehören die Genetzte Ackerschnecke, die Große Nacktschnecke und die Rote Wegschnecke.

Ihre Anwesenheit macht es in manchen Gärten sehr schwierig, junge Pflanzen anzusiedeln. Eine milde und feuchte Witterung, ein frischer und tonhaltiger Boden sowie Mulch, unter dem sie Zuflucht finden, sind besonders günstig für sie. Trockene Böden hingegen meiden sie.

Was kann man tun?

- Fördern Sie Nützlinge wie Igel, Laufkäfer und Amphibien, indem Sie diesen eine reichhaltige und abwechslungsreiche Umgebung bieten. Haben Sie Hühner oder Enten? Diese lieben Nacktschnecken. Lassen Sie sie im Herbst aber nur in den Garten, wenn Sie keine empfindlichen Pflanzenkulturen haben!
- Legen Sie im Garten Bretter aus, unter denen Nacktschnecken Zuflucht finden. Wenn Sie diese anheben, müssen Sie die Schnecken nur noch einsammeln und loswerden.
- Verwenden Sie Granulat auf der Basis von Eisenphosphat (Ferramol), das für den Bioanbau zugelassen und in Gartencentern erhältlich ist. Seine Wirksamkeit, die bei häufigem Regen begrenzt ist, kann durch Schutzmaßnahmen verlängert werden: Das Schneckenkorn unter einem Hohlziegel oder einem kleinen Tunnel aus einer Plastikflasche ausbringen.

9

Vorsicht mit Holzasche!

Das Ausbringen von Holzasche gehört zu den „Gärtnertricks", die regelmäßig empfohlen werden. Um Wirkung zu zeigen, muss regelmäßig nach jedem Regen weitere Holzasche ausgebracht werden, was zu einem Übermaß an Kalium und Calcium und damit zu einer unausgewogenen Bodenzusammensetzung führen kann.

Die Schwarzfleckenkrankheit der Rosen 10

Diese bei Rosen sehr verbreitete Krankheit, die auch als „Sternrußtau" bekannt ist, wird durch einen mikroskopisch kleinen Pilz *(Marssonina rosae)* hervorgerufen. Sie führt zu schwarzbraunen Flecken auf der Blattoberseite, anschließend wird das Laub gelb und die Blätter fallen ab. Wasser – in Regenzeiten oder durch Gießen der Laubblätter – sowie eine Temperatur zwischen 13 und 30 °C begünstigen die Entwicklung dieses Pilzes.

Was kann man tun?

- Zur Vorbeugung wählen Sie Rosensorten, die für Krankheiten wenig anfällig sind: Dazu zählen bestimmte alte Sorten ('Felicia', 'Mme Alfred Carrière', 'Cornelia'), botanische Rosen (Essigrose 11, Damaszener-Rose) oder moderne Sorten mit dem Prädikat ADR (das insbesondere die Widerstandsfähigkeit der neuen Sorten gegenüber Krankheiten bestätigt). Meiden Sie generell Rosenanpflanzungen an feuchten Standorten.
- Spritzen Sie bei feuchter Witterung ab Juni und bis Mitte September ein Produkt auf Kupferbasis vom Typ Bordeauxbrühe oder einen Schachtelhalmabsud.
- Befallene Blätter regelmäßig einsammeln und verbrennen.

10

11

Falscher Mehltau

Diese gefürchtete Krankheit der Blätter, die auf bestimmten Kulturpflanzen auftritt (Kartoffel, Tomate, Wein), wird durch einen mikroskopisch kleinen Pilz hervorgerufen, im Falle von Gemüsepflanzen durch *Phytophtora infestans*, beim Wein durch *Plasmopara viticola*. Der Falsche Mehltau verursacht ein Braunwerden der Blätter, das Faulen der Wurzelknollen von Kartoffeln und Tomatenfrüchten. Die Verbindung von feuchter Witterung und milden Temperaturen (nachts über 10 °C, tagsüber über 15 °C), vor allem im Juni/Juli, begünstigt diese Krankheit. Bei einem frühzeitigen Befall kann der Falsche Mehltau zum vorzeitigen Absterben der Pflanze oder zu einem sehr starken Rückgang des Ertrags (bis zu 90 %) führen.

Was kann man tun?

- Einige bewährte Verfahren: Pflanzen Sie nach Möglichkeit Tomaten und Kartoffeln mit größerem Abstand, da sie sich sonst gegenseitig anstecken können. Lassen Sie auch zwischen den einzelnen Pflanzen genügend Platz, damit die Blätter besser belüftet werden, denn anhaltende Feuchtigkeit begünstigt den Falschen Mehltau. In Regionen mit feuchtem und kühlem Klima im Sommer sollten Tomaten vorzugsweise unter einem Schutz gezogen werden, um ein Auslaugen der Blätter durch den Regen zu verhindern, was eine gute Voraussetzung für den Falschen Mehltau bietet.
- Wählen Sie Sorten, die gegen diese Krankheit resistent sind, bei Kartoffeln beispielsweise 'Sarpo Mira' oder 'Carolus', bei Tomaten 'Berner Rose', bei Hybriden 'Previa F1' oder 'Maestria F1'. Beim Wein eignen sich bestimmte robuste Sorten Tafeltrauben vom Typ 'Muscat bleu' oder 'Venus'.
- Um die Resistenz der Pflanzen gegenüber Krankheiten zu verbessern, spritzen Sie die Blätter einmal pro Woche oder alle zwei Wochen mit einem Schachtelhalmabsud.
- Spritzen Sie verdünnte Bordeauxbrühe (2 g/l für 10 m^2), sobald die Witterung feucht und mild ist, und zwar während der empfindlichen Zeiten wöchentlich.

Lauch-Miniermotte 12

Haben Lauch oder Zwiebeln in Ihrem Garten keinen Halt mehr und sinken zu Boden? Bei genauerem Hinsehen werden Sie kleine braune Kapseln entdecken: Das sind die Puppen (Stadium zwischen Larve und adultem Tier) der Miniermotte. Dieses Insekt kam in den 1990er-Jahren vom Balkan nach Deutschland. Jedes Jahr folgen zwei Generationen aufeinander und erzeugen zweimal den Flug der Miniermotten: einmal im Frühling, ab April, und einmal gegen Ende des Sommers (Ende August bis November).

Was kann man tun?

- Eine Heilbehandlung gibt es nicht, lediglich die Vorbeugung durch ein Insektenschutznetz erweist sich als wirksam. Das Netz direkt bei der Pflanzung oder im August anbringen.
- Zerdrücken Sie die Puppen beim Schälen des befallenen Lauchs (den Kühlschrank überleben sie ebenfalls nicht), um ihren Lebenszyklus zu durchbrechen.

12

Möhrenfliege 13

Sie beobachten gelb werdendes Grün und schwärzliche Gänge in den Wurzeln Ihrer Karotten, sodass diese nicht mehr zum Verzehr geeignet sind oder es Probleme mit der Haltbarkeit gibt? Schuld daran ist die Larve der Möhrenfliege, eines kleinen, 5 mm langen Zweiflüglers, die sich von Karotten und anderen Doldengewächsen ernährt. Im April/Mai sucht die adulte Möhrenfliege in Hecken Unterschlupf, wo sie Pollen und Nektar findet und sich paart. Jedes Jahr folgen mehrere Generationen aufeinander, eine im Frühjahr und eine zwischen Juli und Ende November.

Was kann man tun?

- Wechseln Sie Karottenreihen mit Reihen von Lauch oder Zwiebeln ab, um die Fliege zu stören (siehe S. 81). Dieser Schutz zeigt aber nur Wirkung, wenn nicht sehr viele Fliegen vorhanden sind.
- Den besten Schutz bietet ein feinmaschiges Insektenschutznetz (höchstens 1 mm Maschenweite), das auf Bögen oder vertikal, nach Möglichkeit in 1 m Höhe platziert ist und dessen Ränder nach außen geschlagen sind.

13

14

15

Die Larven der Eulenfalter (14)

Die Raupen mehrerer Arten von Nachtfaltern werden umgangssprachlich als „Erdraupen" bezeichnet. Sie fressen die Wurzeln, den Wurzelhals, die Blätter oder Früchte zahlreicher Pflanzen: Kohl, Salat, Bohnen, Spinat können betroffen sein. Die Erdraupen sind nachtaktiv und finden tagsüber unter Blättern Unterschlupf.

Was kann man tun?

- Vernichten Sie die Schädlinge, die Sie bei Einbruch der Dunkelheit mittels Taschenlampe finden, manuell.
- Behandeln Sie betroffene Pflanzen bei einem stärkeren Befall mit einem biologischen Insektizid auf Basis von *Bacillus thuringiensis*, bei Bedarf zwei- bis dreimal, jeweils im Abstand einer Woche.

Echter Mehltau (15)

Tagsüber milde Wärme und morgens Tau: zwei Bedingungen, unter denen sich der Echte Mehltau auf den Blättern von Kürbisgewächsen (Kürbisse, Riesenkürbisse, Zucchini), aber auch von Wein und Rosen entwickelt. Der Echte Mehltau tritt durch einen weißen Belag auf den Blättern in Erscheinung, der zur Austrocknung der Pflanze führt. Tritt dieses Phänomen erst am Ende der Saison bei Kürbisgewächsen auf, werden weder deren Reifeprozess noch der Ertrag beeinträchtigt: Bekämpfen ist also überflüssig.

Was kann man tun?

- Bestimmte Kürbisgewächssorten sind resistenter als andere, beispielsweise der 'Muskatkürbis' und die neuen Zucchini-Hybridsorten ('Tempra F1', 'Orelia F1'), Melonen oder Gurken ('Futura F1', 'Moneta' o. Ä.).
- Um Abhilfe zu schaffen, schneiden Sie befallene Blätter ab und behandeln noch gesunde Blätter mit Schwefel, einem für die biologische Landwirtschaft zugelassenen Produkt, vorausgesetzt die Temperatur ist nicht zu hoch (< 28 °C).
- Alternative: Ein- bis zweimal pro Woche mit auf 50 % verdünnter Kuhmilch spritzen (die Milch im Verhältnis 1:1 mit Wasser verdünnen).

Blattläuse 16

Blattläuse stehen auf der Liste der Angstgegner des Gärtners ganz oben, da sie eine Vielzahl von Pflanzen befallen, Rosen ebenso wie Obstbäume. Die grünen, gelben, grauen oder schwärzlichen Insekten sind Stechsauger, die sich über den Pflanzensaft hermachen und Kolonien bilden. Sie vermehren sich vor allem bei warmer und trockener Witterung und verursachen Deformationen oder schwächen die Pflanzen.

Was kann man tun?

- Nützlinge in den Garten locken: Marienkäfer, Larven der Florfliege, Schwebfliegen, Ohrwürmer und Meisen. Außerdem zu viel Stickstoff im Boden vermeiden.
- Im März/April Ameisenleimringe auf den Stämmen der Obstbäume anbringen, um die Ameisen daran zu hindern, Blattläuse zu züchten.
- Die zu behandelnden Pflanzen mit einer Schmierseifenlösung (auf 1,5–3 % verdünnt, d. h. 15–30 g/l), einem Wermutabsud, einem Knoblauchaufguss oder Brennnesselmazerat spritzen.

Maulwürfe

Dieses kleine Säugetier, das Regenwürmer und Insektenlarven frisst, wäre eher zu den Nützlingen zu zählen, wenn es nicht die ärgerliche Angewohnheit hätte, auf Rasen- und Wiesenflächen Erdhäufchen zu bilden und dadurch mehr oder weniger große Schäden anzurichten. Ein positiver Aspekt: Die Erde der Maulwurfshügel ist sehr fein und kann für Anpflanzungen in Blumenkästen, Saatschalen oder direkt im Garten verwendet werden.

Was kann man tun?

- Urin auf die Maulwurfshügel gießen ist ein gutes Abwehrmittel.
- Im Gemüsegarten Presskuchen aus Rizinusschrot ausbringen (1 kg/ 10 m^2) und diesen unbedingt in der Erde vergraben. Achtung: Bei Verzehr ist dieses Produkt giftig, daher Kinder und Haustiere, insbesondere Hunde, von der behandelten Fläche fernhalten!
- Im Fachhandel bekommt man Geräte, die in den Boden gesteckt werden und Vibrationen abgeben, um Maulwürfe zu vertreiben.

Apfelschorf 17

Schorf ist bei feuchtem Klima eine der am weitesten verbreiteten Krankheiten des Apfelbaums. Er wird durch einen Pilz hervorgerufen, *Venturia inaequalis*, der sich auf den Blättern, den Früchten und den jungen Ästen entwickelt. Er führt auf den Blättern und Früchten zu schwarzen Flecken, die ihre Qualität herabsetzen (gründlich geschält bleiben die Äpfel dennoch absolut genießbar).

Was ist zu tun?

- Krankheitsresistente Sorten pflanzen: z. B.'Bénédictin', 'Melrose', 'Graue Kanadarenette', 'Reinette du Mans', 'Renette Clochard'.
- Im Herbst das befallene trockene Laub einsammeln und auf den Kompost geben, um Neubefall zu verhindern.
- Um die Resistenz des Baumes zu verbessern, die Laubblätter mit Brennnesseljauche oder Schachtelhalmabsud behandeln.
- Sobald gegen Ende des Winters der Austrieb beginnt (wenn die Hülle der Blütenknospen aufbricht), eine Behandlung mit Bordeauxbrühe durchführen.

NÜTZLICHE ADRESSEN , LINKS UND BUCHTIPP

Umweltverbände

- Bund für Umwelt und Naturschutz Deutschland, BUND e. V: www.bund.net
- Naturschutzbund NABU: www.nabu.de
- Dachverband Deutscher Naturschutzring: www.dnr.de
- Greenpeace: www.greenpeace.de
- Bundesverband Deutscher Gartenfreunde e. V.: www.kleingarten-bund.de

Insektenhotels, Nistkästen für Vögel, Fledermäuse, Vogelhäuschen …

- www.nistkasten-online.de
- www.naturschutzcenter.de

Samen von Wildpflanzen

- www.naturgarten.org/mitgliedsbetriebe/wildpflanzensaatgut/
- www.gruenifizierung.de/wildpflanzen-und-saatgut-kaufen/

Gründünger und Blühwiesen

- www.bio-saatgut.de
- www.biogartenladen.de
- www.sativa.bio/de

Produkte für den Biogärtner und Gartenwerkzeuge

- www.biogartenbedarf.de
- www.biogartenladen.de

Buchtipp

- Claude Lorpin, Nistkästen. 80 Modelle zum Selberbauen, Bassermann Verlag, 3. Aufl. München 2019

ISBN 978-3-8094-4316-2

1. Auflage

Die Originalausgabe erschien auf Französisch unter dem Titel *Jardiner sans Produit Chimique*

Texte: Sandra Lefrançois

Bildnachweis:
© Sandra Lefrançois : S. 2, 4, 6, 8, 10, 11, 12, 13, 14, 15, 16, 17, 18, 19, 20, 21, 22 (4), 23, 24, 25, 26, 28, 29, 30, 32, 33, 34, 35, 36 (10), 37, 38, 39 (3), 40, 42, 43, 44 (4), 45, 46, 47, 48 (9 & 10), 49, 50, 51, 52, 54, 55, 56, 57, 58, 59 (unten), 60, 62, 64, 67, 68, 71 (1 & 2), 73, 74, 75, 76, 77, 78, 79, 80, 81, 82, 83, 84, 86 (1), 90, 91 (11), 92 (12 & 13), 94 (1);
© W. Neudorff GmbH KG: S. 71 (3);
© Photononstop /Biosphoto: /Alexandre Petzold: S. 86 (3); /B & G Médias: S. 48 (11); /Daniel Heuclin: S. 89 (7); /Denis Bringard: S. 72 (5); /Digitalice: S. 41 (1 & 3), 87; /Frédéric Desmette: S. 2; /Friedrich Strauss: S. 60 (5), 88 (5); /Gilles Le Scanff & Joëlle-Caroline Mayer: S. 44 (5), 72 (4); /Jean-Claude Malausa: S. 89 (8); /Jean-Luc & Françoise Ziegler: S. 41 (2); /Jean-Michel Groult : S. 93 (14); /Mike Lane: S. 86 (2); / NouN: S. 9; /P. & M. Guinchard: S. 88 (6); /Philippe Giraud: S. 91 (10), 93 (15); /Steen Drozd: S. 22 (3 & 5); /Yann Avril: S. 94 (2);
© Shutterstock: S. 36 (9), 39 (4), 59 (oben).

Projektleitung dieser Ausgabe: Dr. Iris Hahner
Producing: SAW Communications, Redaktionsbüro Dr. Sabine A. Werner, Mainz
Übersetzung: SAW Communications, Christa Trautner-Suder
Lektorat: SAW Communications, Julia Gilcher
Satz: SAW Communications in Zusammenarbeit mit Anke Enders, Sprendlingen

Umschlaggestaltung: Atelier Versen, Bad Aibling
Herstellung: Claudia Scheike

Penguin Random House Verlagsgruppe FSC® N001967

MIX
Papier aus verantwortungsvollen Quellen
FSC® C106600
FSC www.fsc.org

Druck und Bindung: DZS Grafik d.o.o.

Printed in Slovenia